Dados Abertos

GUIA RÁPIDO PARA ELABORAÇÃO DE PLANO DE DADOS ABERTOS

Prof. Marcão - Marcus Vinícius Pinto

Aviso de isenção de responsabilidade:

Observe que as informações contidas neste documento são apenas para fins educacionais e de entretenimento. Todos os esforços foram feitos para fornecer informações completas precisas, atualizadas e confiáveis. Nenhuma garantia de qualquer tipo é expressa ou implícita.

Ao ler este texto, o leitor concorda que, em nenhuma circunstância, os autores são responsáveis por quaisquer perdas, diretas ou indiretas, incorridas como resultado do uso das informações contidas neste livro, incluindo, mas não se limitando, a erros, omissões ou imprecisões.

ISBN: 9798884575509
Selo editorial: Independently published

Prefácio

Um dos segmentos de tecnologia em maior efervescência na atualidade é o da *accountability* da administração pública.

Em todo o mundo os governos estão se comprometendo com a iniciativa *Open Government Partnership* que visa garantir compromissos concretos de governos nacionais e subnacionais para promover um governo aberto, capacitar cidadãos, combater a corrupção e aproveitar novas tecnologias para fortalecer a governança.

O Brasil, um dos oito países cofundadores da iniciativa, é exemplo para a América Latina e Caribe, pela implementação de políticas de governo aberto.

A inegável força propulsora exercida pela abertura de dados governamentais invade

o cenário da participação da sociedade em seu governo e transforma o detalhamento do funcionamento da gestão da administração pública em uma transparência inédita em relação ao desempenho do governo na entrega de políticas e serviços à sociedade.

Em torno dessa rica e potencialmente útil massa de dados e informações gravitam diversos atores, tais como as próprias instituições públicas, empreendedores, organizações da sociedade civil, ativistas engajados nas causas sociais, a mídia e o próprio cidadão.

Um conjunto interligado de princípios, políticas, padrões e tecnologias estruturam as relações entre esses atores, formando uma espécie de ecossistema que ainda carece de maturidade e que ainda busca modelos para geração de valor e indução de avanços sociais com sustentabilidade.

Recentemente publiquei o livro Dados Abertos – Transparência Governamental: perspectivas, cenários e planejamento objetivando tornar a pesquisa do assunto mais palatável e amigável para interessados no tema.

Entretanto, como o tema apresenta elevada complexidade e baixa disponibilidade de material para consulta e atualização decidi detalhar o livro em 5 textos que denominei Cadernos de tecnologia sobre o tema Dados Abertos.

Cadernos numerados de 1 a 5. Cada Caderno trata de um grande tema do universo dos dados abertos. Em cada Caderno apresento, explico e exemplifico conteúdos que deverão dar tranquilidade ao leitor para se aprofundar nesse novo caminho.

No Caderno 1 trato dos assuntos vinculados às questões de arquitetura estrutural para o processo de abertura de dados. No Caderno 2 apresento e analiso exemplos de Planos de Dados Abertos, PDAs, para que o leitor tome conhecimento de casos reais selecionados na Internet e que podem elucidar o leitor sobre como elaborar o PDA de sua instituição. O Caderno 3 é um roteiro de elaboração de PDA ampliado com exemplos. O Caderno 4 é um roteiro de elaboração de Planos de Ação de abertura de dados. No Caderno 5 a geração de datasets para publicação é analisada

e enriquecida com o vocabulário controlado do Portal de Dados Abertos da Prefeitura de Belo Horizonte.

Este livro é um guia facilitador para elaboração de Plano de Dados Abertos – PDA – e é um resumo do Caderno 3 que contempla a completude da roteirização da elaboração de um PDA.

Indico os livros e os Cadernos para profissionais de Ciência da Informação, da administração pública, de Ciências Sociais, ONGs, institutos de pesquisa, mídia e demais profissionais que almejam desempenhar funções ou interagir com o seguimento dos dados abertos governamentais.

Boa Leitura!
Bons estudos!
Bons aprendizados!

Prof. Marcão – Marcus Vinícius Pinto
Influenciador digital especialista em soft skills
para realização profissional de empreendedores,
empresários, líderes e gestores.
Fundador, CEO, professor e orientador pedagógico da MVP Consult.

Sumário

1   INTRODUÇÃO.

Bem-vindo ao Guia Rápido de Elaboração de Plano de Dados Abertos! Este guia foi desenvolvido com o objetivo de simplificar e resumir o processo de elaboração de um Plano de Dados Abertos (PDA), servindo como um facilitador para aqueles que desejam adotar princípios de transparência e disponibilizar informações de forma aberta.

Este guia é um resumo do Caderno 3, que é um roteiro de elaboração de PDA ampliado com exemplos.

Tendo como ponto de partida o Caderno 3 que é uma referência abrangente, com detalhes e diretrizes mais abrangentes, o Guia Rápido foi pensado para oferecer uma visão geral do processo de elaboração de um PDA, simplificando o percurso e destacando os pontos-chave para uma implementação bem-sucedida.

Elaborar um Plano de Dados Abertos (PDA) é uma iniciativa estratégica de extrema importância nos dias atuais. A disponibilização de informações relevantes, de forma transparente e em formato aberto, traz inúmeros benefícios para diversos públicos, fortalecendo a democracia e impulsionando o desenvolvimento social, econômico e tecnológico.

Ao adotar a prática de dados abertos, as organizações demonstram um compromisso com a transparência e a participação cidadã, permitindo que cidadãos, pesquisadores, empresas e a sociedade em geral tenham acesso facilitado a informações confiáveis e atualizadas.

Essa abertura promove a responsabilização das instituições, torna possível o monitoramento de ações governamentais e proporciona uma maior compreensão dos processos decisórios.

Nesse contexto, é válido lembrar as palavras de Ellen Miller, fundadora do Projeto Sunlight: "Transparência é o novo sequestro", destacando a importância de disponibilizar informações de forma aberta, evitando privilégios e aumentando a

confiança dos cidadãos nas iniciativas governamentais e empresariais.

Durante o processo de elaboração de um PDA, há algumas dicas gerais que podem ser úteis para guiar as organizações e garantir uma implementação eficaz.

1. Defina objetivos claros: Antes de iniciar a elaboração do PDA, é essencial ter uma visão clara dos objetivos que se deseja alcançar. Isso irá orientar todo o processo e ajudar a identificar as informações mais relevantes para disponibilização.

2. Identifique as informações-chave: É importante realizar um levantamento completo das informações disponíveis, levando em consideração sua relevância e utilidade para diferentes públicos. Lembre-se de que a disponibilização de dados abertos deve agregar valor e promover a transparência.

3. Priorize a qualidade dos dados: Garanta a qualidade dos dados que serão disponibilizados, assegurando sua precisão e atualização constante. Uma citação de Abraham Lincoln pode ilustrar esse ponto: "Não creia em tudo que lê na internet". Verifique a confiabilidade das fontes e adote práticas de validação e correção de dados.

4. Mantenha a segurança dos dados: Embora a abertura seja um princípio fundamental, é essencial garantir a segurança e a privacidade das informações sensíveis. Certifique-se de seguir as diretrizes e regulamentações relevantes, tomando medidas adequadas para proteger os dados pessoais e confidenciais.

5. Promova a colaboração: Incentive a participação e a colaboração de diferentes partes interessadas no processo de elaboração do PDA. Isso pode incluir especialistas, cidadãos, organizações da sociedade civil e setor privado. A citação de Martin Luther King Jr. é válida nesse contexto: "No final, não nos lembraremos das palavras dos nossos inimigos, mas do silêncio dos nossos amigos".

6. Faça um plano de implementação e monitoramento: Planeje as etapas de implementação do PDA, estabelecendo prazos realistas e definindo responsabilidades. Além disso, estabeleça um sistema de monitoramento contínuo para avaliar o impacto do PDA e identificar oportunidades de melhoria.

Neste guia, você encontrará uma visão geral das etapas envolvidas na elaboração de um PDA, desde a definição dos objetivos e escopo do plano até a implementação e monitoramento contínuo.

É importante ressaltar que este guia não substitui a necessidade de consultar o Caderno 3 para obter informações mais detalhadas e exemplos adicionais. No entanto, ele servirá como um ponto de partida prático e conciso para orientar você na elaboração do seu Plano de Dados Abertos.

Os capítulos seguintes seguem a estrutura do PDA em modo de roteiro.
Os próximos capítulos seguem a estrutura do Plano de Dados Abertos (PDA), apresentando-o de forma sequencial como um roteiro.

Vale observar que, via de regra, o PDA é composto das seguintes seções/elementos:

- Capa apresentando a validade do PDA

- Introdução

- Contexto institucional

- Objetivos

- Processo de Abertura de dados

- Governança

- Planos de ação para abertura de dados

- Divulgação

2   ROTEIRO PARA ELABORAÇÃO DO PDA.

2.1   Capa.

Na capa do PDA devem constar:

- O nome da instância de governo. Ex.: Prefeitura Municipal de Belo Horizonte.

- Instituição da Administração Pública. Ex.: Secretaria Municipal de Cultura.

- Vigência. Ex.: 2019-2020.

- Data de elaboração do documento.

- Informações sobre versionamento.

2.2   Introdução.

Nesta seção, deve-se informar que o texto trata do Plano de Dados Abertos da instituição publicadora, apresentando a legislação aplicável e os objetivos do documento. É recomendável mencionar como se deu o processo de construção do PDA, apresentar sua estrutura e como ele se insere no planejamento da instituição.

O PDA é um dos artefatos publicados no Portal de Dados Abertos da PBH.

2.3   Contexto institucional.

Esta seção trata da avaliação e do detalhamento de elementos internos e externos que impactam a política de abertura de dados da instituição, como os instrumentos e instâncias de Gestão a seguir:

- Planejamento Estratégico Institucional (PEI).

- Planejamento Estratégico de Tecnologia da Informação (PETI).

- Plano Diretor de Tecnologia da Informação (PDTI).

- Estratégia Geral de Tecnologia da Informação (EGTI).

- Plano de Ação da Infraestrutura Nacional de Dados Abertos – INDA.

- Normas da Comissão Nacional de Cartografia – CONCAR - relacionadas à Infraestrutura Nacional de Dados Espaciais – INDE.

- Comitê Interministerial Governo Aberto – CIGA.

- Plano de Ação Nacional sobre Governo Aberto - contexto Parceria para Governo Aberto – Open Government Partnership.

- Comitê Estratégico de Tecnologia da Informação – CETI (quando houver).

- Outros instrumentos, políticas e instâncias colegiadas relevantes para o órgão.

Para cada um deles, quando aplicável, recomenda-se explicitar o impacto para o PDA da instituição publicadora e como se dá o alinhamento com o instrumento.

2.4 Objetivos.

Esta seção apresenta os objetivos principais e específicos do PDA, tais como:

- Identificar prioridades e disponibilizar dados em formatos abertos, e, sempre que possível, georreferenciados.

- Melhorar a qualidade dos dados disponibilizados.

- Estimular a interoperabilidade de dados e sistemas governamentais pela publicação de dados em formato processável por máquina, conforme padrões estabelecidos.

- Melhorar a gestão da informação e de dados.

- Incrementar os processos de transparência e de acesso a informações públicas.

- Estimular a visualização da informação das ações de governo no território.

2.5 Processo de Abertura de dados.

Nesta seção, recomenda-se detalhar o passo-a-passo relacionado ao processo de publicação de dados, bem como premissas e requisitos de qualidade mínimos relacionados.

A abertura de dados deve ser orientada pelos seguintes passos:

- Levantamento do conjunto de dados candidato à abertura.

- Priorização e seleção dos dados que serão abertos.

- Definição de responsáveis pelo preparo e atualização dos dados e detalhamento de plano de ação com metas e prazos.

- Consolidação da matriz de responsabilidades e definição da governança e do fluxo de aprovação do PDA e revisões.

- Utilização de metodologia de abertura de dados a ser seguida pelas áreas responsáveis (padrões INDA e INDE).

- Capacitação dos responsáveis nas áreas de negócio dos dados selecionados para abertura sobre:

  o Processo de publicação de dados abertos.

  o Processo de catalogação dos metadados no dados.gov.br.

  o Processo de catalogação dos metadados na INDE, caso georreferenciados.

  o Definição de arquitetura de abertura para cada sistema.

  o Publicização dos dados catalogados, observando-se o uso de URL fixa.

Além de estar alinhado aos princípios e diretrizes dos dados abertos, o processo de

abertura dos conjuntos de dados deve considerar as seguintes premissas:

- Publicar os dados considerados relevantes para a sociedade o mais rápido possível, no formato disponível e informando as eventuais limitações de qualidade dos dados.

- Sempre que possível, publicar dados e seus metadados conforme estabelecido no Plano de Ação da Infraestrutura Nacional de Dados Abertos - INDA, que institui que cada conjunto de dados deve conter, no mínimo:

  o Nome ou título do conjunto de dados.

  o Descrição sucinta.

  o Palavras-chave (etiquetas).

  o Assuntos relacionados do VCGE - Vocabulário Controlado do Governo Eletrônico.

  o Nome e e-mail do setor responsável pelos dados.

  o Periodicidade de atualização.

  o Escopo temporal (anual, mensal, diário, bimestral etc. exemplo: dados referentes ao censo de 2011, dados de um indicador mensal).

  o Escopo geopolítico (por cidade, por estado, por região).

1. No caso de dados Georreferenciados, deve-se levar em conta as normas e padrões da Infraestrutura Nacional de Dados Espaciais - INDE. A seguir, sumário dos elementos do Núcleo de Metadados do perfil de Metadados Geoespaciais do Brasil (MGB) conforme Tabela 1.

Entidade / Elementos	Obrigatoriedade	Entidade / Elementos	Obrigatoriedade
1. Título	obrigatório	12. Tipo de Representação Espacial	opcional
2. Data	obrigatório	13. Sistema de Referência	obrigatório
3. Responsável	obrigatório	14. Linhagem	opcional
4. Extensão Geográfica	condicional	15. Acesso Online	opcional
5. Idioma	obrigatório	16. Identificador Metadados	opcional
6. Código de Caracteres do CDG	condicional	17. Nome Padrão de Metadados	opcional
7. Categoria Temática	obrigatório	18. Versão da Norma de Metadados	opcional
8. Resolução Espacial	opcional	19. Idioma dos Metadados	condicional
9. Resumo	obrigatório	20. Código de Caracteres dos Metadados	condicional
10. Formato de Distribuição	obrigatório	21. Responsável pelos Metadados	obrigatório
11. Extensão Temporal e Altimétrica	opcional	22. Data dos Metadados	obrigatório
		23. Status	obrigatório

Tabela 1- Entidades e elementos do Núcleo de Metadados do Perfil MGB Sumarizado.

2. Publicar os dados seguindo os padrões definidos pela e-PING, pela Infraestrutura Nacional de Dados Abertos - INDA e pela Infraestrutura Nacional de Dados Espaciais – INDE e Governo Eletrônico, quando aplicável.

3. Catalogar os dados abertos da instituição no Portal Brasileiro de Dados Abertos, ponto central de acesso aos dados do Governo Federal, quando aplicável.

4. Catalogar os dados geoespacializados na INDE, quando aplicável.

5. Promover a integração entre os catálogos de metadados INDA e INDE, quando aplicável.

6. Manter os dados publicados atualizados e sincronizados com a origem, com a menor periodicidade e maior granularidade viáveis.

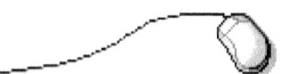

7. Utilizar, como forma de disseminação, os ambientes do Portal Brasileiro de Dados Abertos do Governo Federal, quando aplicável.

O processo de abertura de dados é um processo que tem início nas análises dos dados disponíveis, passa pela sua formatação para publicação e a publicação no Portal de Dados Abertos da PBH. A Figura 1 ilustra o processo.

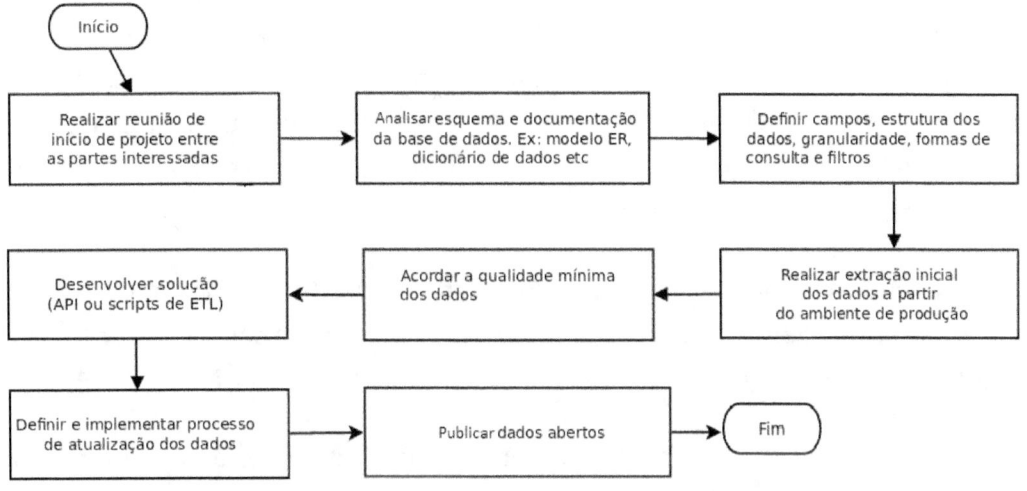

Figura 1 – Processo de abertura de dados

2.6 Governança.

Nesta seção, recomenda-se apresentar de que forma está estruturada a governança do PDA, com papeis e responsabilidades definidas para os principais atores envolvidos.

A governança básica é implementada na figura do Responsável pela atividade listada em um Plano de Ação. A governança também é exercida pelos responsáveis pelo setor/diretoria/órgão envolvidos com o *dataset*.

A estrutura deve ser apresentada nesta seção para conhecimento de todos os usuários do *dataset*.

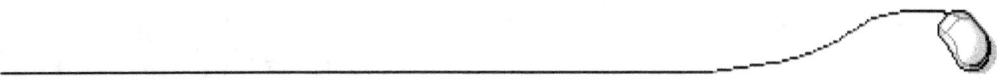

2.7   Planos de ação para abertura de dados.

A gestão eficiente de dados requer muito mais do que investimento em tecnologia. Envolve processos e profissionais capazes de administrar todos os aspectos do ciclo de vida da informação. A gestão é também responsável pela maneira como os dados são criados, armazenados e utilizados pela organização.

Em organizações complexas como a PBH a gestão da informação torna-se um desafio ainda maior quando se analisa a integração de dados entre seus sistemas de informação. No caso de um contexto novo como os Dados Abertos, é necessário utilizar-se de um recurso técnico que agilize e reduza a complexidade das análises necessárias ao resultado desejado.

O Plano de Ação contém uma série de ações para a construção de todos os pilares do conteúdo informacional do Portal de Dados Abertos e é pensado de acordo com o conjunto de dados a ser gerado por cada órgão da PBH.

O PDA é centrado na ideia de áreas temáticas em que para cada área se identifica as bases de dados relevantes nos órgãos participantes da área temática na PBH. As demais informações cumprem as funções de responsabilização e de estruturação da base de dados na área temática.

Uma área temática reúne informações que se completam, que formam uma unidade coesa e seguem determinada política de produção, gestão e preservação de dados. São exemplos de áreas temáticas a educação, a saúde, o desenvolvimento humano e a administração.

Assim, o PDA de uma área temática da PBH é o conjunto de Planos de Ação para abertura de dados executados pelos órgãos integrantes desta área temática no período de vigência do PDA da PBH. Por seu turno o PDA da PBH é o conjunto de PDAs de todas as áreas temáticas.

Nesta seção, recomenda-se detalhar as atividades e responsabilidades relacionadas ao processo de publicação de dados, bem como prazos e requisitos. Recomenda-se

ainda prever as ações com um foco mais macro, que pode ser detalhado em cronograma específico de cada unidade da estrutura da instituição.

Os planos de ação seguem a estrutura listada na Figura 2.

Dataset	Atividade	Metas	Prazo	Responsável
<1>	<2>	<3>	<4>	<5>

Figura 2 - Estrutura da matriz de responsabilidades dos planos de ação

Na Figura 2 os campos têm o seguinte preenchimento:

1. Informar o nome do *dataset*. O *dataset* é o conjunto de dados que será gerado em formato aberto e publicado no Portal de Dados Abertos. Nesta mesma coluna deve ser apresentado o tipo de arquivo: csv, json ... e a periodicidade de publicação: diário, semanal, mensal, anual...

2. Informar a atividade executada para a abertura de dados. As atividades previstas, via de regra, são: Estruturar abertura de dados, Construção dos dados e dicionário de dados, Automação de ambiente para leitura e geração dos arquivos e Publicação dos dados no Portal de Dados Abertos da PBH.

3. Informar a meta que estrutura o trabalho para a próxima meta. Ao final das metas os dados estarão publicados.

4. Informar o prazo em dias, a data final da meta ou o mês em que a meta será alcançada. Observar que todos os prazos devem seguir a mesma métrica.

5. Informar quem ou qual setor é responsável pelo *dataset*, pela atividade, pela meta ou pelo prazo. O nível de detalhe aqui objetiva distribuir responsabilidades ou generalizar, conforme o caso.

A Figura 3 apresenta a estrutura da matriz de responsabilidades dos planos de ação preenchida com as atividades e metas genericamente executadas para a abertura de dados usualmente custodiadas ou produzidas pelos órgãos, e instituições da PBH.

Observar que os prazos devem estar inseridos na validade bianual do Plano de Dados Abertos. Como exemplo podemos citar um PDA com validade 2000-2002. Os prazos para execução das metas devem estar no intervalo entre janeiro de 2000 e dezembro de 2002. Os prazos não iniciam antes da validade do PDA, nem terminam após o término da validade do PDA.

Dataset	Atividade	Metas	Prazo	Responsável
Dataset produzido ou custodiado pelo órgão.	1. Estruturar abertura de dados	1. Identificar os assuntos dos dados a serem abertos.		
		2. Identificar os dados candidatos a serem abertos no assunto.		
Tipo de arquivo:		3. Identificar o esforço e os recursos necessários para construir as rotinas de extração de dados e publicação.		
Periodicidade:		4. Definir os responsáveis pela qualidade dos dados.		

2. Construção dos dados e dicionário de dados	1. Analisar os dados com base na precisão, acurácia, frequência de atualização e formato.		
	2. Especificar as rotinas de extração de dados.		
	3. Estruturar os Metadados.		
	4. Aprovar conjuntos de dados e Metadados.		
	5. Atualizar o Portal de Dados Abertos da PBH.		
3. Automação de ambiente para leitura e geração dos arquivos	1. Definir como será a extração automática dos dados.		
	2. Construir rotinas necessárias.		
	3. Especificar plano de contingência em caso de erro na geração dos dados.		

4. Publicação dos dados no Portal de Dados Abertos da PBH	1. Publicar os dados e Metadados.		
	2. Realizar o treinamento para os envolvidos.		
	3. Revisar o PDA para validar o que foi feito.		

Figura 3 – Estrutura ampliada da matriz de responsabilidade dos planos de ação. O texto aqui citado cumpre função genérica e deve ser preenchido de acordo com o caso analisado no órgão.

No caso de *datasets* que não tem características de automação a atividade 3 pode ser suprimida. Este tipo de *dataset* tem, usualmente, a periodicidade Eventual.

2.8 Divulgação.

As exigências legais são um forte incentivo para a publicação dos dados da administração pública, mas pode não ser o bastante para que resultem em algo útil para a sociedade.

As instituições que publicam dados abertos podem promover ou participar de ações para encorajar outros a criarem coisas úteis e interessantes com esses dados. É válido que a instituição tome iniciativas próprias do mundo do marketing, tais como:

- Estabelecer parcerias com organizações da sociedade civil para ampliar sua base de participantes e aumentar sua exposição na Internet e na mídia.

- Publicar informativos em listas de e-mail e grupos em redes sociais de comunidades de desenvolvedores que trabalham com tecnologias abertas.

- Organizar ou participar de eventos também pode ser interessante para contatar pessoas interessadas neste tipo de dado. Barcamp, meetup, speedgeek e lightning talk são exemplos deste tipo de evento. Estes eventos devem privilegiar a participação dos cidadãos, de hackers e ativistas e não de outros membros de governo.

- Contatar organizações ou indivíduos que trabalham com, ou estão interessados, na área dos dados abertos.

Outra forma muito eficiente para nivelar conhecimentos e divulgar os dados abertos são os eventos temáticos que têm como foco o desenvolvimento de aplicativos baseados nos dados. Os eventos geram oportunidades de parcerias por várias razões.

Dentre elas:

- É possível ampliar a divulgação das realizações de transparência da instituição pela repercussão nas redes sociais dos participantes.

- Permite conhecer os potenciais usuários dos dados.

- Permite identificar a demanda por diferentes conjuntos de dados, publicados ou não.

- Gera discussões sobre as tendências de desenvolvimento de aplicativos utilizando os dados.

- Configura uma forma de encontro entre prováveis usuários.

- Permite expor os dados para uma ampla audiência (por meio dos blogs ou da cobertura de mídia gerada por conta do evento).

Estes eventos podem ser organizados em diversos formatos desde palestras até demonstrações. Uma das formas atuais com melhor resultado é aquela dirigida pelos próprios participantes.

Sua efetividade tem relação direta com o conceito de dados abertos, pois mescla

participação e autonomia que, ao fim e ao cabo, são as premissas principais da abertura de dados.

Nesses eventos os participantes devem ter oportunidade para:

- Propor os resultados esperados no evento.

- Definir a agenda do evento.

- Apresentar, seu trabalho e no que estão interessados.

- Organizar grupos de trabalho.

- Liderar as equipes.

- Eleger as melhores propostas.

3 GLOSSÁRIO DE TERMOS DO CONTEXTO DOS DADOS ABERTOS.

1. Abertura de dados. É a prática de disponibilizar os dados governamentais para acesso e uso público, promovendo transparência e incentivo à participação cidadã.

2. Accountability. Prestação de contas. É a definição dos objetos sobre as quais se prestarão contas juntamente com a sua responsabilização, vem juntamente com a transparência das ações que gera confiança entre os governantes e a sociedade.

3. Acessibilidade. A garantia de que o vocabulário controlado seja facil Parece que a resposta foi cortada. Vou continuar a lista de termos e explicações do glossário sobre vocabulário controlado.

4. Acessibilidade. A garantia de que o vocabulário controlado seja facilmente acessível e compreendido por usuários diversos, incluindo pessoas com deficiência, por meio de técnicas de design inclusivo e suporte para diferentes formas de interação.

5. Acesso Aberto. Política que permite aos usuários acessar, ler, copiar, distribuir, imprimir, buscar ou linkar para o texto completo dos artigos científicos, proporcionando a disseminação ampla do conhecimento.

6. Acesso Aberto. Princípio que defende o acesso gratuito e irrestrito aos dados e informações, promovendo a democratização do conhecimento.

7. Acesso em tempo real. Permite que os cidadãos acessem os dados governamentais atualizados imediatamente após sua disponibilização.

8. Acesso público. É o princípio central da abertura de dados governamentais, garantindo que qualquer pessoa possa ter acesso aos conjuntos de dados.

10.   Análise de séries temporais. Análise de séries temporais, uma técnica estatística para examinar informações de dados indexadas no tempo para identificar consistência ou prever tendências.

11.   Análise histórica. Análise histórica que usa o histórico de dados no CKAN para identificar padrões de longo prazo e prever tendências futuras.

12.   Anomalia de dados. Detecção de anomalias em séries temporais que identifica pontos de dados que não seguem o padrão esperado, muitas vezes indicando erros ou eventos significativos.

13.   Anonimação. Tornar um dado anônimo não sendo possível associá-lo a uma pessoa. Esta prática é usual quando se trata de dado sigiloso.

14.   Anonimização de Dados. Processo de remoção ou modificação de informações pessoais em um conjunto de dados para evitar a identificação dos indivíduos a quem se referem.

15.   Anonimização. Processo utilizado na proteção de dados pessoais, que envolve a remoção ou substituição de informações que possam identificar um indivíduo, tornando os dados não atribuíveis a uma pessoa específica.

16.   API (Interface de Programação de Aplicações). Conjunto de regras e protocolos que permite a comunicação e interação entre diferentes sistemas e aplicativos. APIs são usadas para acessar e utilizar dados de forma automatizada.

17.   Área temática. Informação que organiza os datasets em temas de acordo com a lógica de organização dos serviços da instituição responsável pelo dataset.

18.   Armazenamento de Metadados. Refere-se ao local e à forma como os metadados são armazenados, muitas vezes em repositórios ou sistemas de gerenciamento dedicados a garantir sua acessibilidade e integridade.

20. Arquitetura. Refere-se ao conjunto de princípios, diretrizes e estruturas que definem a organização e funcionamento de um sistema ou plataforma de dados governamentais.

21. Associação de Sinônimos. O estabelecimento de relações entre termos controlados que são sinônimos, permitindo que diferentes palavras sejam usadas para representar o mesmo conceito dentro do vocabulário controlado.

22. Atividade (Activity Stream). Registro cronológico no CKAN que mostra as ações mais recentes realizadas pelos usuários, como a criação ou atualização de datasets.

23. Atributo de Dados. Característica específica de uma variável em um conjunto de dados, normalmente definida dentro de um dicionário de dados.

24. Audit Trail. Trilha de auditoria que fornece um registro detalhado de quem acessou ou modificou os dados, apoiando a segurança e conformidade no CKAN.

25. Automação de Indexação. O uso de algoritmos e técnicas de processamento de linguagem natural para atribuir automaticamente termos controlados a documentos ou informações, acelerando o processo de indexação e facilitando a recuperação de informações relevantes.

26. Autoridade Vocabular. A entidade ou organização responsável pela criação, manutenção e atualização do vocabulário controlado. A autoridade vocabular estabelece as regras e diretrizes que governam o uso e a evolução do vocabulário, garantindo a sua qualidade e consistência ao longo do tempo.

27. Avaliação. Análise do desempenho baseada nos indicadores.

28. Baseline Data. Dados de linha de base que fornecem um ponto de comparação inicial para entender o progresso ou mudanças ao longo do tempo.

29. Benchmark Estratégico. Referencial de longo prazo para direcionar e medir a performance do plano em relação a concorrentes ou padrões de mercado.

30. Benchmark Operacional. Avaliação de processos internos em comparação com melhores práticas da indústria ou líderes de mercado.

31. Benchmark. Referencial de desempenho utilizado para comparação e melhoria.

32. Benchmarking. Comparação de práticas e desempenho para estabelecer padrões de excelência.

33. Brainstorming. Métodos de geração de ideias em grupo para resolver problemas ou identificar oportunidades.

34. Busca Controlada. Um método de pesquisa que utiliza um vocabulário controlado para recuperar informações relevantes de maneira mais precisa. Ao realizar uma busca controlada, o usuário faz uso dos termos e da estrutura do vocabulário para refinar e direcionar a pesquisa, garantindo resultados mais relevantes e de alta qualidade.

35. Cadeia de Valor. Sequência completa de atividades que adicionam valor aos serviços ou produtos envolvidos no plano.

36. Campo Personalizado (Custom Field). Campos adicionados aos metadados do CKAN para capturar informações específicas relevantes para um determinado contexto ou uso.

37. Capacitação. Treinamento e desenvolvimento de habilidades necessárias para a equipe.

38. Catálogo de Dados (Data Catalog). Lista de todos os datasets disponíveis no CKAN, organizados de forma que os usuários possam navegar e localizar informações específicas.

39. Catálogo de dados. É uma lista ou plataforma que contém os conjuntos de dados governamentais disponíveis para acesso.

40. Catalogue Record. Registro de catálogo no CKAN, representa a entrada de um conjunto de dados ou recurso individual com suas metainformações relevantes.

41. Change Log. Registro de alterações feitas em um dataset, que inclui detalhes sobre as modificações, como a natureza da mudança, o autor e a data.

42. Change Tracking. Rastreamento de mudanças que monitora e registra alterações feitas em conjuntos de dados ao longo do tempo, permitindo a verificação da integridade dos dados.

43. Ciclo de Vida do Projeto. Fases pelas quais um projeto passa desde o início até o encerramento.

44. Ciclo PDCA (Plan-Do-Check-Act). Metodologia iterativa para controle e melhoria contínua de processos.

45. Cidadão. É o usuário dos dados disponibilizados no Portal de Dados Abertos e das aplicações.

46. CKAN (Comprehensive Knowledge Archive Network). Sistema de gerenciamento de dados de código aberto para armazenar e distribuir conjuntos de dados abertos.

47. Clustering. Um método utilizado na anonimização de dados em que os registros são agrupados com base em características semelhantes, ao

invés de identificadores individuais, preservando a privacidade dos indivíduos.

48. Cobertura temporal. Cobertura temporal de um dataset que indica o intervalo de tempo ao qual os dados se referem, essencial para entender o contexto histórico dos dados.

49. Cobertura. Abrangência geográfica ou temporal de um dado.

50. Código Aberto. Prática de disponibilizar o código fonte de um software livremente para qualquer pessoa utilizar, modificar e compartilhar.

51. Colaboração – A ação de trabalhar em conjunto com outros para atingir um objetivo comum.

52. Colaboração entre setores. Envolve a parceria entre governos, empresas e sociedade civil para promover a abertura e o uso dos dados governamentais.

53. Compartilhamento de conhecimento. A partir dos dados governamentais, é possível gerar insights e conhecimentos que podem ser compartilhados com a sociedade.

54. Compliance. Adesão a regras, regulamentos, leis e diretrizes internas e externas.

55. Compreender e dominar o vocabulário controlado é fundamental para a organização, compartilhamento e recuperação eficiente de informações. Esperamos que este glossário seja uma ferramenta valiosa para expandir seu conhecimento e fornecer orientação sobre os principais termos e conceitos relacionados ao vocabulário controlado.

56. Comunicação. Troca eficaz de informações entre os membros da equipe e stakeholders.

57.   Conformidade. Verificação se as ações e resultados estão de acordo com as normas e padrões estabelecidos.

58.   Consenso. Acordo geral entre stakeholders sobre direções e procedimentos.

59.   Consentimento Informado. Consentimento dado por um indivíduo de forma livre, específica e informada para o processamento de seus dados pessoais, tendo pleno conhecimento dos propósitos e consequências desse processamento.

60.   Consistência Diferencial. Uma técnica de anonimização que envolve a adição de ruído estatístico aos dados de forma controlada, garantindo a privacidade dos indivíduos sem comprometer a utilidade das informações.

61.   Consulta Contextual. A consideração do contexto em que um termo é utilizado durante o processo de busca em um vocabulário controlado, levando em conta fatores como o domínio específico, o objetivo da pesquisa e os relacionamentos semânticos dentro do vocabulário.

62.   Consulta Expansiva. Uma técnica de busca que usa relações semânticas e hierárquicas entre os termos controlados para ampliar o escopo da pesquisa e incluir conceitos relacionados, aumentando as chances de encontrar informações relevantes.

63.   Contingência. Planos alternativos para lidar com riscos inesperados.

64.   Controle de versão. Sistema usado para gerenciar mudanças ao longo do tempo nos dados hospedados no CKAN, facilitando a gestão de distintas versões dos conjuntos de dados.

65. Controle social. O acesso aos dados governamentais permite que a sociedade civil exerça um papel mais ativo na fiscalização das ações governamentais e na cobrança de transparência.

66. Convergência Tecnológica. Integração de diferentes sistemas ou serviços tecnológicos para melhorar a execução do plano.

67. Cronograma. Calendário detalhando quando as atividades serão realizadas.

68. Crowdsourcing. Método de coleta de dados que envolve a participação do público em geral, permitindo que as pessoas contribuam com informações e conhecimentos para enriquecer conjuntos de dados abertos.

69. Cruzamento de Metadados. Processo de mapeamento entre diferentes padrões de metadados, visando promover a compatibilidade de dados entre sistemas distintos.

70. Custo-Benefício. Avaliação que compara os custos e benefícios de uma ação proposta.

71. Customização. Adaptação de partes do plano para atender necessidades específicas.

72. Dados Abertos Educacionais. São conjuntos de dados relacionados à educação, como informações sobre escolas, cursos, currículos e desempenho dos alunos, possibilitando análises e melhorias no sistema educacional.

73. Dados Abertos Governamentais. São os dados produzidos e disponibilizados pelos órgãos e instituições governamentais, permitindo o acompanhamento das ações governamentais e a prestação de serviços públicos.

74. Dados Abertos. São os dados que estão disponíveis ao cidadão, sem custo ou restrições de qualquer ordem proveniente de qualquer origem, seja privado ou público.

75. Dados climáticos. São informações sobre o clima, como temperatura, precipitação, contribuindo para estudos e ações relacionadas à mudança climática.

76. Dados comparativos. Comparação histórica que envolve avaliar dados de diferentes períodos para identificar mudanças, padrões ou desvios.

77. Dados de saúde. São informações sobre indicadores de saúde, doenças, tratamentos, permitindo análises e formulação de políticas de saúde pública.

78. Dados de segurança pública. São informações sobre crimes, infrações e políticas de segurança, auxiliando na formulação de estratégias de prevenção e combate à criminalidade.

79. Dados de transporte. Incluem informações sobre trânsito, infraestrutura e mobilidade, permitindo análises e melhoria dos sistemas de transporte.

80. Dados demográficos. São informações sobre as características das populações, como idade, sexo, etnia, entre outros, facilitando a análise sociodemográfica.

81. Dados econômicos. São informações sobre a economia, como PIB, emprego, investimentos, permitindo análises e formulação de políticas econômicas.

82. Dados educacionais. Referem-se a informações sobre o sistema de ensino e desempenho acadêmico, contribuindo para a formulação de políticas educacionais.

83.   Dados em Tempo Real. Dados que são gerados, coletados e disponibilizados instantaneamente, refletindo informações atualizadas em tempo real.

84.   Dados Estruturados. São dados organizados em um formato pré-definido, com campos e tipos específicos, facilitando sua interpretação e análise.

85.   Dados geoespaciais. São informações que possuem uma componente geográfica, como mapas e coordenadas, facilitando sua visualização e análise.

86.   Dados Governamentais Abertos (DGA). São os dados abertos que instituições governamentais disponibilizam ao cidadão.

87.   Dados governamentais. São informações produzidas e mantidas por entidades governamentais que podem ser utilizadas para a tomada de decisões e o desenvolvimento de políticas públicas.

88.   Dados históricos. Conjuntos de dados que contêm registros de eventos ou informações coletadas ao longo do tempo, fundamentais para análise de tendências e padrões históricos.

89.   Dados Legíveis por Máquina. Dados que estão estruturados em um formato compreensível por sistemas computacionais, permitindo que sejam processados, analisados e integrados automaticamente.

90.   Dados Pessoais. Dados privativos de cada pessoa.

91.   Dados Pessoais. Informações que podem identificar ou tornar identificável uma pessoa física, como nome, endereço, número de documento, entre outros.

92.   Dados Sensíveis. Dados pessoais que requerem um nível mais elevado de proteção devido à sua natureza confidencial, como informações sobre raça, origem étnica, orientação sexual, religião, saúde, entre outros.

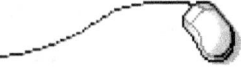

93. Dados Sensíveis. Dados que possuem um alto grau de sensibilidade e requerem proteção adicional, como informações financeiras, pessoais e de saúde.

94. Dados sigilosos. São os dados submetidos temporariamente à restrição de acesso público em razão de sua imprescindibilidade para a segurança da sociedade e do Estado".

95. Dashboard. Painel de controle do CKAN que oferece uma visão geral e acesso rápido a atividades recentes, datasets e outras funcionalidades administrativas.

96. Dashboard. Quadro de acompanhamento visual dos progressos e métricas.

97. Data Cleansing (Limpeza de Dados). Processo de detecção e correção (ou remoção) de erros e inconsistências nos dados para melhorar a qualidade dos dados.

98. Data Decay. Decadência de dados que ocorre quando informações se tornam desatualizadas ou menos relevantes com o passar do tempo, o que pode afetar a precisão das análises históricas.

99. Data Element Registry. Sistema que mantém uma lista de elementos de dados autorizados e padronizados, incluindo seus metadados associados, para uso em vários aplicativos e serviços.

100. Data Explorer. Ferramenta incorporada ao CKAN que permite a visualização, filtragem e análise básica dos dados diretamente através da interface do portal.

101. Data Federation. Federação de dados é a capacidade de integrar conjuntos de dados gerenciados e armazenados em diferentes locais ou

plataformas, algo que pode ser facilitado pelo CKAN e princípios de dados abertos.

102. Data Provenance. Refere-se à origem, histórico e caminho percorrido pelos dados antes de chegarem ao seu estado atual no CKAN, assegurando sua rastreabilidade e confiabilidade.

103. Data Quality (Qualidade de Dados). Atributo de dados que descreve sua condição para servir um propósito específico, incluindo a precisão, completude e consistência.

104. Data Recovery. Recuperação de dados que envolve a restauração de conjuntos de dados no CKAN a partir de backups após uma perda de dados ou danos.

105. Data Repository (Repositório de Dados). Local centralizado onde os dados são armazenados e mantidos.

106. Data Timestamping. Marcação de tempo dos dados refere-se ao registro do momento específico em que os dados foram coletados ou atualizados, essencial para rastrear a sequência histórica.

107. Data Trends. Tendências de dados que podem ser identificadas a partir de conjuntos de dados históricos, mostrando movimentos ou direções predominantes ao longo do tempo.

108. Data Upload. Upload de dados no CKAN permite que os usuários carreguem conjuntos de dados diretamente no portal, disponibilizando-os ao público.

109. Dataset Field. Campo do conjunto de dados no CKAN, representa a coluna ou atributo específico dentro de um conjunto de dados, cada campo pode ter um tipo definido como texto, número, data etc.

110.   Dataset Lifecycle. Ciclo de vida do conjunto de dados que descreve as fases que os dados passam desde a criação até o descarte ou arquivamento no CKAN.

111.   Dataset Owner. Proprietário do conjunto de dados no CKAN, responsável pela publicação, atualização e manutenção dos dados dentro do portal.

112.   Dataset Preview. Pré-visualização de conjunto de dados no CKAN, que permite aos usuários ver uma amostra dos dados antes de baixá-los.

113.   Dataset Series. Série de conjuntos de dados no CKAN, que permite a conexão e organização lógica de várias versões ou atualizações relacionadas de datasets.

114.   Dataset. é uma coleção de dados normalmente tabulados. Por cada elemento se indicam várias características. Cada coluna representa uma variável particular. Cada linha corresponde a um determinado membro do conjunto de dados em questão. Cada valor é conhecido como um dado. O conjunto de dados pode incluir dados para um ou mais membros, correspondentes ao número de linhas.

115.   Dataset. Conjunto estruturado de dados geralmente armazenados eletronicamente em um sistema de computação. Uma coleção de dados relacionados, muitas vezes apresentados em tabelas de formatos.

116.   Delimitação. Definição clara das fronteiras e limites de atuação do plano.

117.   Democratização da informação. Busca garantir que os dados governamentais sejam acessíveis a todos os cidadãos, independentemente de suas habilidades técnicas ou recursos.

118.   Desambiguação. Processo de eliminar ambiguidades e incertezas na seleção e atribuição de termos controlados, garantindo a precisão e a consistência das informações.

119. Desdobramento de Metas. Processo de converter objetivos gerais em metas específicas e realizáveis em diferentes níveis da organização.

120. Desenvolvimento Sustentável. Abordagem que visa satisfazer necessidades atuais sem comprometer a capacidade das gerações futuras.

121. Dicionário de dados. Acervo que descreve e define o significado de todos os dados que compõem o universo de informação de um sistema e permite fazer a verificação de consistência entre os vários modelos.

122. Dicionário de Dados. Documentação que lista e define todas as variáveis e seus tipos em um conjunto de dados, explicando o significado, o conteúdo e o formato de cada campo.

123. Disrupção – A interrupção de padrões existentes, muitas vezes através da introdução de inovações ou tecnologias disruptivas.

124. Dissociação. Um processo de anonimização no qual as informações pessoais são separadas de outras informações identificáveis, de modo que não seja mais possível reassociá-las.

125. Domínio de Conhecimento. Uma área ou campo específico de conhecimento em que o vocabulário controlado é aplicado, abrangendo uma série de termos relacionados e conceitos que são pertinentes àquele domínio específico.

126. Due Diligence. Processo detalhado de investigação e avaliação realizado antes de se comprometer com uma ação no plano.

127. Efetividade. Grau em que os objetivos são alcançados.

128. Eficiência – A capacidade de realizar um trabalho com o mínimo de desperdício de recursos.

129. Eficiência na gestão pública. A abertura de dados governamentais pode contribuir para uma melhor gestão dos recursos públicos, promovendo a eficiência e aprimorando políticas e programas.

130. Eficiência. Medida de quão economicamente os recursos são utilizados.

131. Elemento de Metadado. Cada componente individual de informação em um esquema de metadados, como o título, data de publicação, criador, entre outros.

132. Empoderamento – O processo de dar poder e autonomia às pessoas para tomar decisões e agir.

133. Empoderamento cidadão. Ao disponibilizar os dados governamentais, os cidadãos possuem informações necessárias para participar ativamente da democracia, aumentando seu poder de influência nas decisões públicas.

134. Empowerment. Empoderamento e autorização da equipe para tomar decisões e agir.

135. Engajamento da sociedade civil. Envolve a participação ativa de organizações e movimentos populares na utilização dos dados governamentais.

136. Enriquecimento de Metadados. Adição de informações adicionais aos metadados existentes para melhorar a descoberta e a utilidade dos conjuntos de dados.

137. ePing. Concebida como uma estrutura básica para a estratégia de governo eletrônico, aplicada ao governo federal – Poder Executivo, não restringindo a participação, por adesão voluntária, de outros Poderes e esferas de governo.

138. Escala de Prioridades. Hierarquização de tarefas com base em urgência e importância.

139. Escalabilidade. Capacidade do plano de se adaptar ao crescimento ou expansão.

140. Escopo. Delimitação clara dos limites do plano de ação.

141. Esquema de Metadados. Estrutura definida para organizar os metadados de um conjunto de dados, fornecendo diretrizes sobre quais informações descrevem adequadamente os dados.

142. Esquema de Metadados. Uma estrutura organizada que especifica os tipos e formatos de metadados a serem utilizados para descrever os termos controlados, estabelecendo padrões para a consistência e a interoperabilidade dos metadados dentro do vocabulário.

143. Estado do Dataset (Dataset Status). Indica se um dataset está ativo, inativo ou em manutenção dentro do CKAN.

144. Estratégia. Abordagem geral para atingir os objetivos.

145. Estruturação. Organização do plano em componentes lógicos para facilitar a gestão e a implementação.

146. Evolução do Vocabulário. O acompanhamento contínuo e o ajuste do vocabulário controlado para refletir mudanças nas necessidades, avanços tecnológicos e novos desenvolvimentos na área de conhecimento associada.

147. Extensão (Extension). Plugins ou complementos que podem ser instalados no CKAN para adicionar funcionalidades específicas ou personalizar o comportamento da plataforma.

148. Extensibilidade. A capacidade do vocabulário controlado de ser expandido e atualizado com a incorporação de novos termos à medida que surgem novos conceitos ou evoluções no domínio de conhecimento associado.

149.　Feedback dos usuários. É a opinião e sugestões dos cidadãos sobre a qualidade e usabilidade dos dados governamentais.

150.　Feedback loop. Processo contínuo de coleta e utilização de feedback para melhorias.

151.　Feedback Negativo. Crítica construtiva que indica onde há espaço para melhorias ou alterações necessárias.

152.　Feedback positivo. Informação construtiva que reforça e promove as práticas atuais.

153.　Feedback. Informações dos envolvidos para melhorar o plano.

154.　Ferramenta de acesso. Programa ou aplicativo utilizado para acessar os dados em um servidor de dados.

155.　Filtro de Busca (Search Filter). Ferramenta que permite aos usuários refinarem os resultados de busca no CKAN utilizando diferentes critérios como tags, grupos e organizações.

156.　Fonte de dados. Proveniência de dados que detalha a origem e a evolução dos dados ao longo do tempo, garantindo sua autenticidade e credibilidade.

157.　Formato de Dados. Especificação de como os dados são organizados ou estruturados em um arquivo ou sistema.

158.　Formato de dados. Refere-se à estrutura e organização dos conjuntos de dados governamentais, como CSV, JSON ou XML.

159.　Formato de Metadados. Estrutura de arquivo ou linguagem usada para codificar metadados, como XML, JSON, ou TTL, que influencia a portabilidade e a facilidade de processamento.

160. Formato. Estrutura do dado que permite que seja compreendido por um programa leitor ou interpretador.

161. Formulário de Dados (Data Form). Interface no CKAN onde os usuários inserem informações e carregam recursos para criar ou atualizar datasets.

162. Gap Analysis. Avaliação das diferenças entre a situação atual e o objetivo desejado.

163. Gerenciamento de Stakeholders. Identificação, análise e planejamento das formas de comunicação e interação com todas as partes interessadas.

164. Gestão Ágil. Conjunto de práticas de gerenciamento que utiliza ciclos curtos para iteração e resposta rápida a mudanças.

165. Gestão da Mudança. Práticas e processos usados para garantir que mudanças sejam implementadas de forma suave e eficaz.

166. Gestão de Portfólio. Administração centralizada de um conjunto de projetos ou iniciativas para alcançar objetivos estratégicos.

167. Gestão de Qualidade. Planejamento e implementação de práticas para manter e melhorar a qualidade do plano e de suas entregas.

168. Gestão de Riscos. Processos destinados a identificar, analisar e responder a riscos.

169. Gestão de Tempo. Planejamento e exercício do controle consciente sobre a quantidade de tempo alocado para atividades específicas.

170. Gestor de dados. Profissional da instituição publicadora responsável por estabelecer as diretrizes do processo de abertura na instituição.

171.   Governança – O processo de tomar decisões e gerenciar recursos de forma eficaz e transparente.

172.   Governança de Dados. Conjunto de processos, políticas e responsabilidades relacionadas à gestão e controle dos dados, garantindo sua qualidade, segurança e conformidade.

173.   Governança. A governança dos assuntos de qualquer instituição, incluindo instituições não governamentais.

174.   Governança. Estruturas e processos que garantem a implementação efetiva do plano.

175.   Governo aberto. É uma abordagem na qual os governos promovem a transparência, a participação cidadã e a colaboração na tomada de decisões e na gestão pública.

176.   Granularidade de Dados. Refere-se ao nível detalhe contido nos elementos de dados, que pode variar desde muito granular, como dados ao nível de transações, a menos detalhado, como resumos mensais.

177.   Granularidade dos Metadados. Detalhe ou nível de especificidade dos metadados, o que pode influenciar significativamente como os dados podem ser descobertos e analisados.

178.   Grupo (Group). Coleções de datasets no CKAN que são categorizados por temas ou projetos comuns, facilitando a busca e a organização da informação.

179.   Hierarquia. Uma estrutura organizacional em forma de árvore que representa as relações hierárquicas entre os termos dentro de um vocabulário controlado. A hierarquia permite agrupar e organizar os termos em níveis, facilitando a navegação e a compreensão dos conceitos relacionados.

180. Identificação Direta. Situação em que os dados pessoais podem ser prontamente associados a um indivíduo identificado ou identificável, como quando o nome completo de uma pessoa é divulgado.

181. Identificação Indireta. Possibilidade de combinar dados pessoais com outras informações disponíveis para identificar um indivíduo particular, mesmo que os dados em si não revelem diretamente essa identidade.

182. Implementação. Colocação em prática do plano de ação.

183. INDA. A Infraestrutura Nacional de Dados Abertos (INDA) é um conjunto de padrões, tecnologias, procedimentos e mecanismos de controle necessários para atender às condições de disseminação e compartilhamento de dados e informações públicas no modelo de Dados Abertos, em conformidade com o disposto na ePING.

184. Indexação. A atribuição de termos controlados a documentos ou informações, a fim de facilitar a recuperação e o acesso a esses documentos. A indexação garante que os documentos sejam adequadamente categorizados e relacionados aos conceitos relevantes dentro do vocabulário controlado, melhorando a precisão e a eficiência da busca de informações.

185. Indicadores. Métricas utilizadas para medir o progresso e a eficácia.

186. Inovação – A criação ou adoção de novas tecnologias, processos ou ideias que proporcionam avanços ou melhorias.

187. Inovação governamental. O acesso aos dados governamentais permite que empresas e cidadãos desenvolvam soluções inovadoras, como aplicativos e serviços baseados nesses dados.

188. Inovação. Implementação de ideias, processos ou produtos novos para melhorar resultados e eficiência.

189. Integridade dos dados. Envolve a garantia de que os dados governamentais permaneçam íntegros, incorruptíveis e livres de manipulações indevidas.

190. Interface de Usuário (User Interface - UI). Front-end visual do CKAN pelo qual os usuários interagem com os dados e funcionalidades da plataforma.

191. Interoperabilidade. A capacidade de diferentes sistemas e aplicativos compartilharem e utilizar vocabulários controlados de forma consistente e harmoniosa. A interoperabilidade permite que as informações sejam trocadas e combinadas de maneira eficiente, eliminando barreiras de comunicação e promovendo a reutilização e o compartilhamento de dados de forma mais ampla.

192. Interoperabilidade. Capacidade dos dados de serem compartilhados e utilizados entre diferentes sistemas e plataformas, garantindo a compatibilidade e integração entre eles.

193. Just-in-time. Estratégia de produção que visa reduzir o tempo de espera e os inventários, entregando recursos exatamente quando são necessários.

194. K-Anonimidade. Um conceito na proteção de dados que exige que grupos de indivíduos tenham, no mínimo, k membros com características semelhantes para evitar a identificação direta.

195. KPI (Key Performance Indicator). Indicador-chave para avaliar o sucesso de elementos específicos.

196. LAI. Lei de Acesso à Informação. Lei n° 12.527, de 18 de novembro de 2011, é uma lei ordinária federal que regulamenta o art. 5°, XXXIII, art. 37, §3°, II e art. 216, §2° da Constituição Federal de 1988, que asseguram o direito

<u>fundamental de acesso às informações</u> produzidas ou armazenadas por órgãos e entidades da <u>União</u>, <u>Estados</u>, <u>Distrito Federal</u> e <u>Municípios</u>.

197.   L-Diversidade. Uma medida na proteção de dados que busca garantir que cada grupo de dados anonimizados contenha uma diversidade mínima de informações, para evitar a reidentificação de indivíduos.

198.   Lean. Abordagem que busca minimizar o desperdício e maximizar a eficiência dos processos.

199.   Legislação. Conjunto de leis e regulamentos que podem afetar o plano de ação.

200.   Lei de Acesso à Informação. Ver LAI.

201.   Licença aberta. É uma forma de o titular de direitos de autor (criador ou outro titular de direitos) conceder ao público em geral autorização para utilizar a sua obra.

202.   Licença de uso. É o documento que define os limites de uso que um usuário pode ter em relação a um produto de terceiros.

203.   Licença. Conjunto de direitos e restrições que são aplicados aos dados abertos, definindo como eles podem ser utilizados e distribuídos. Licenças comuns incluem Creative Commons, Open Data Commons e licenças de domínio público.

204.   Licenças de Uso. Termos legais definindo como os dados podem ser usados, compartilhados e modificados pelos usuários.

205.   Licenciamento dos dados. Define os termos de uso dos conjuntos de dados governamentais, como licenças de código aberto ou Creative Commons.

206. Liderança Adaptativa. Habilidade de liderar em um ambiente em constante mudança, ajustando estilos e métodos conforme necessário.

207. Ligação Cruzada. A conexão de termos controlados em diferentes vocabulários controlados, estabelecendo relações de correspondência ou afinidade entre conceitos semelhantes, promovendo uma visão integrada e abrangente do conhecimento.

208. Limite de Retenção de Dados. Período de tempo específico em que os dados pessoais podem ser mantidos antes de serem excluídos ou anonimizados. A definição desse limite deve levar em consideração a finalidade do processamento e as obrigações legais.

209. Linha de vida dos dados. Linhagem de dados que descreve a sequência de passos pelos quais os dados passaram, desde a sua criação até seu estado final no CKAN.

210. Linked Data. Conceito que visa conectar e integrar dados de diferentes fontes na web, utilizando padrões e tecnologias que facilitam a descoberta e interconexão de informações.

211. LOD (Dados Vinculados Abertos). Abordagem que promove a publicação de dados abertos de forma estruturada e interconectada, utilizando padrões como RDF e SPARQL para metadados.

212. Logística. Planejamento e execução eficiente do transporte, armazenamento e distribuição dos recursos.

213. Longitudinal Data. Dados longitudinais que acompanham as mesmas amostras ao

214. Mapeamento. O processo de relacionar termos de diferentes vocabulários controlados, estabelecendo correspondências entre os

conceitos semelhantes, a fim de promover a interoperabilidade e a integração de sistemas.

215.   Máscara de Dados. Processo de substituir partes específicas dos dados originais por valores fictícios, preservando a estrutura dos dados, mas removendo informações pessoais identificáveis.

216.   Maturidade de Processos. Nível de evolução e refinamento dos processos relacionados ao plano.

217.   Melhoria Contínua. Abordagem para constantemente melhorar os processos, produtos ou serviços.

218.   Meta. Resultado específico e mensurável que um plano de ação busca atingir.

219.   Metadado. Os dados, especialmente os dados digitais, assumem muitas formas. As conversas por voz, as mensagens de texto ou as redes sociais comunicam dados. As transações digitais bancárias ou comerciais envolvem a transferência de dados. Conteúdo na web, entretenimento digitalizado e transferido, bancos de dados e repositórios de informações de todos os tipos são exemplos de publicações de dados. Os metadados descrevem o que são esses dados. eles fornecem informações sobre esses dados. Isso é bastante simples. No entanto, se analisarmos isso em detalhe, descobrimos que "descrever" os dados é um exercício técnico rigoroso e um problema carregado de implicações sociopolíticas (PISCITELLO, 2016).

220.   Metadados Administrativos. Informações que auxiliam na gestão dos dados, incluindo direitos autorais, restrições de acesso e detalhes sobre a sua manutenção.

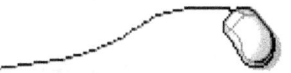

221. Metadados de Acesso. Informações sobre como acessar os dados, incluindo URLs, APIs e outros pontos de conexão que facilitam o uso dos conjuntos de dados.

222. Metadados de Contexto. Informações adicionais que fornecem o cenário ou ambiente em que os dados foram coletados ou gerados.

223. Metadados de Procedência. Informações que detalham a origem e a cadeia de custódia de um conjunto de dados, incluindo sua autoria e processo de edição.

224. Metadados Descritivos. Dados que ajudam na identificação e busca de conjuntos de dados, detalhando conteúdo, qualidade e características relevantes.

225. Metadados Descritivos. Metadados que fornecem informações detalhadas sobre o conteúdo, estrutura e contexto dos dados, permitindo sua busca e entendimento mais eficaz.

226. Metadados Dinâmicos. Metadados que são atualizados em tempo real à medida que os dados subjacentes mudam, mantendo a precisão e relevância das informações.

227. Metadados Estruturais. Detalhes que descrevem a organização interna e o esquema de um conjunto de dados, como a relação entre tabelas e campos.

228. Metadados Geoespaciais. Metadados que descrevem características espaciais e geográficas dos dados, como coordenadas, projeções cartográficas e informações de localização.

229. Metadados. Dados que descrevem e fornecem informações sobre outros dados, facilitando sua identificação, compreensão e uso.

230. Metadados. Informações descritivas sobre os termos controlados, incluindo definição, sinonímia, relações hierárquicas, histórico de versões, data de criação e autoridade responsável, que auxiliam na gestão e no uso adequado do vocabulário.

231. Metadata Lifecycle Management. Gerenciamento do ciclo de vida dos metadados, desde a criação até a atualização e eventual arquivamento, para garantir que permaneçam válidos e úteis.

232. Métodos de Agregação. Técnicas utilizadas na anonimização que envolvem a combinação dos dados de várias pessoas, tornando difícil ou impossível a identificação individual.

233. Milestones. Marcos significativos no ciclo de vida do projeto que indicam progresso.

234. Missão. Declaração do propósito fundamental do plano, definindo sua razão de ser.

235. Monitoramento de dados. É o processo de acompanhamento e análise dos dados governamentais ao longo do tempo, identificando tendências e transformações.

236. Monitoramento. Acompanhamento contínuo das atividades e do progresso.

237. Normalização de Metadados. Processo de padronização dos formatos de metadados para promover a consistência e a interoperabilidade entre diferentes sistemas e bancos de dados.

238. Objetivo. Meta desejada que o plano de ação visa alcançar.

239. Ontologia de Metadados. Estrutura que define as relações entre os termos em um domínio específico, permitindo uma compreensão mais rica dos dados e seus metadados.

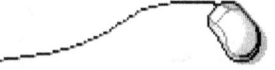

240.   Ontologia. Um modelo formal que representa os conceitos e suas relações dentro de um domínio específico, possibilitando uma representação mais precisa e detalhada do conhecimento.

241.   Open Data License. Licença de dados abertos que define os termos legais sob os quais os conjuntos de dados são disponibilizados, frequentemente incentivando a reutilização e compartilhamento.

242.   Open Data. Termo em inglês que se refere à prática de tornar os dados governamentais abertos e acessíveis ao público.

243.   Open Database License (ODbL). Licença legal que permite compartilhar, modificar e usar bancos de dados de forma aberta, enquanto mantém os mesmos direitos para outros.

244.   Open Standards. Padrões abertos para dados se referem a especificações técnicas disponibilizadas publicamente e podem ser utilizadas sem restrições para promover a interoperabilidade.

245.   Organização (Organization). Entidades que agrupam datasets no CKAN, geralmente representando órgãos governamentais, empresas ou grupos de projetos específicos.

246.   Órgão. Integram a estrutura do Estado e das demais pessoas jurídicas como partes desses corpos vivos, dotados de vontade e capazes de exercer direitos e contrair obrigações para a consecução de seus fins institucionais.

247.   Origem dos dados. Todo elemento de dado precisa identificar sua origem ou o processo que o gera. Esta identificação é muito importante para que se possa ter informações sobre a fonte geradora do dado. Esta informação deve ser única, ou seja, cada dado deve ter uma e somente uma fonte de origem.

248.   Padrão de Dados. Norma adotada para manter a qualidade e formato dos dados para garantir a consistência e compatibilidade entre sistemas.

249.   Padrões de Catalogação. Conjunto de regras e padrões utilizados para a criação de registros de metadados, assegurando que os dados sejam consistentemente catalogados e classificados.

250.   Padrões de Codificação. Conjunto de regras e convenções para a representação e codificação de informações em um determinado formato ou linguagem, facilitando a interoperabilidade dos dados.

251.   Padrões de Dados. Conjunto de normas e especificações que definem a estrutura, formato e organização dos dados, visando facilitar sua gestão, compartilhamento e interoperabilidade.

252.   Padrões de Interoperabilidade. Diretrizes que asseguram a capacidade de diversos sistemas e organizações de compartilhar e utilizar metadados de maneira eficaz.

253.   Padronização. O processo de estabelecer regras e convenções claras para a criação e uso dos termos dentro de um vocabulário controlado. A padronização garante que os termos sejam aplicados de forma consistente e que haja um entendimento comum entre os usuários do vocabulário, facilitando a interoperabilidade e a troca de informações.

254.   Painel de Controle. Interface ou ferramenta para monitorar indicadores-chave de desempenho.

255.   Papel. É uma definição precisa e bem delimitada de uma função e responsabilidades a serem desempenhadas por uma ou mais pessoas. Um papel pode ser desempenhado por mais de uma pessoa simultaneamente, por exemplo. um arquiteto (papel) pode ser interpretado por um grupo de desenvolvedores com habilidades complementares. Para desempenhar um determinado papel de maneira

adequada o desenvolvedor deve possuir as habilidades necessárias à sua interpretação.

256. Parcerias. Relacionamentos estratégicos com outras organizações ou indivíduos para alcançar objetivos comuns.

257. Participação cidadã. Incentiva o envolvimento dos cidadãos na utilização dos dados governamentais, permitindo que eles contribuam com insights, análises e tomada de decisões informadas.

258. Participação. Um dos três eixos sustentadores do Governo Aberto. Permite aos cidadãos contribuírem com suas ideias e competências, auxiliando o poder público a elaborar políticas eficazes e abrangentes, graças à informação amplamente dispersa em nossa sociedade.

259. PDA. Plano de Dados Abertos. É o documento orientador para as ações de implementação e promoção de abertura de dados, inclusive geoespacializados obedecendo a padrões mínimos de qualidade, de forma a facilitar o entendimento e a reutilização das informações da instituição da administração pública.

Sua elaboração vem ao encontro do disposto na Lei de Acesso à Informação (LAI), na Instrução Normativa SLTI nº 4, de 13 de abril de 2012 (que institui a Infraestrutura Nacional de Dados Abertos), o Decreto Presidencial nº 6.666, de 27 de novembro de 2008 (que institui a Infraestrutura Nacional de Dados Espaciais), bem como dos compromissos assumidos pelo Brasil no âmbito do 2º Plano de Ação Nacional sobre Governo Aberto, entre outros normativos que abordam o tema de transparência.

260. Perfil de Metadados. Conjunto específico de regras e diretrizes de metadados adaptado para atender às necessidades de uma comunidade ou domínio específico.

261. Periodicidade. Sazonalidade é o padrão recorrente que pode ser observado em dados históricos, indicando variações regulares por causa de fatores sazonais.

262. Permissões de Acesso (Access Permissions). Controles de segurança no CKAN que determinam quem pode visualizar, editar ou administrar certos datasets ou recursos.

263. Planejamento. Fase do ciclo de vida de um projeto composta por processos para planejar e administrar com sucesso um projeto; para isto, desenvolvem o Plano de gestão, que inclui principalmente o alcance do projeto, seus custos, as atividades a serem desenvolvidas, os recursos humanos e materiais necessários, as comunicações necessárias, os riscos a serem enfrentados, a qualidade a ser garantida e as necessidades de aquisições e compras.

264. Plano de Ação. Documento que descreve o que será feito, em que prazo, por quem.

265. Plano de Dados Abertos. Ver PDA.

266. Plano. Documento que descreve em linhas gerais como um objetivo será alcançado e o que será necessário para alcançá-lo.

267. Política de descarte de dados. Política de retenção que define por quanto tempo diferentes tipos de conjuntos de dados devem ser mantidos no CKAN antes de serem arquivados ou excluídos.

268. Portal de Dados Abertos. Plataforma online onde os conjuntos de dados são disponibilizados e podem ser acessados, pesquisados e baixados pela comunidade. Um exemplo é o portal dados.gov.br, que reúne dados abertos do governo brasileiro.

269. Portal. Portal de dados que frequentemente serve como ponto de entrada para explorar, encontrar e baixar dados abertos disponibilizados pelo CKAN ou outras plataformas de dados abertos.

270. Prestação de serviço. Um dos três eixos sustentadores do Governo Aberto. Aprimora a eficácia do Estado, encorajando a cooperação entre a sociedade, os diferentes níveis de governo e a iniciativa privada.

271. Priorização. Determinação da ordem de importância das atividades.

272. Privacidade dos dados. Refere-se à proteção das informações pessoais contidas nos conjuntos de dados governamentais, garantindo o cumprimento das leis e regulamentos de proteção de dados.

273. Privacidade por Design. Abordagem que busca integrar medidas de proteção de dados desde a concepção de um produto, serviço ou sistema, garantindo a privacidade do usuário desde o início.

274. Privacidade. Garantia de proteção dos dados pessoais, assegurando que informações sensíveis sejam devidamente tratadas e preservando a privacidade dos indivíduos.

275. Proatividade. Ação antecipada para lidar com eventos futuros ou potenciais problemas.

276. Produto. Um artigo produzido que é quantificável e que pode ser um elemento terminado ou um componente.

277. Propriedade. Sentimento de responsabilidade e propriedade sobre tarefas ou projetos.

278. Proveniência. Informações sobre a origem, histórico e transformações sofridas pelos dados ao longo do tempo, permitindo rastrear sua confiabilidade e precisão.

279. Pseudonimização. Método de anonimização em que os dados pessoais são substituídos por identificadores únicos ou pseudônimos, dificultando a identificação de um indivíduo.

280. Qualidade de Metadados. Avaliação que mede a precisão, a completude e a consistência dos metadados, impactando diretamente na eficácia do uso dos dados.

281. Qualidade dos dados. Diz respeito à exatidão, completude, consistência e confiabilidade das informações contidas nos conjuntos de dados governamentais.

282. Randomização. Método de anonimização que introduz variação aleatória nos dados pessoais, tornando difícil ou impossível a identificação de um indivíduo específico.

283. RDF (Resource Description Framework). Framework utilizado para representar, integrar e compartilhar dados estruturados na web, seguindo os princípios da Web Semântica.

284. Recurso (Resource). Elemento de um dataset no CKAN que contém os dados reais, como arquivos ou links para APIs, e pode estar em vários formatos.

285. Recursos. Bens ou serviços necessários para realizar as atividades.

286. Recursos. Recursos humanos especializados, equipes, serviços, fornecimentos, matérias primas, materiais, orçamentos ou recursos necessários para realizar as atividades do cronograma.

287. Redundância de Metadados. Situação em que informações semelhantes ou repetidas são armazenadas em metadados, o que pode tanto assegurar a robustez quanto criar eficiências desnecessárias.

288. Relações Associativas. Relações semânticas e contextuais que conectam termos dentro de um vocabulário controlado, mas que não são hierárquicas. Essas relações podem incluir equivalências, associações, causalidade, temporalidade e muito mais, permitindo uma compreensão mais ampla e aprofundada do conhecimento representado pelo vocabulário controlado.

289. Relevância de Metadados. Medida da utilidade das informações contidas nos metadados para atender às necessidades dos usuários ou sistemas na busca e uso dos dados.

290. Repositório de Dados. Localização central onde os dados são armazenados e gerenciados.

291. Resiliência – A capacidade de se adaptar e se recuperar de perturbações ou desafios.

292. Resiliência. Capacidade do plano de suportar e se recuperar de contratempos.

293. Resource Format. Formato do recurso no CKAN, especifica o formato dos dados disponibilizados, como CSV, JSON, XML etc., ajudando os usuários a entenderem como os dados podem ser utilizados.

294. Responsabilidade. Atribuição de tarefas a pessoas ou equipes.

295. Resumo Executivo. Seção do plano de ação que apresenta os pontos principais de maneira concisa para a liderança ou stakeholders.

296. Retroalimentação. Mecanismo de receber e usar feedback para aprimorar processos ou ações continuamente.

297. Reuso de Metadados. Prática de utilizar metadados existentes para novos fins ou em novos contextos, maximizando o valor dos dados e promovendo a economia de recursos.

298. Reutilização. A prática de usar termos controlados existentes de forma consistente em diferentes contextos e aplicações, evitando a duplicação de esforços e garantindo a consistência dos dados.

299. Reutilização. Capacidade de utilizar os dados para diferentes propósitos, seja por indivíduos, empresas ou organizações, de forma a incentivar a criação de novos serviços, produtos e insights.

300. Rigor Terminológico. A adoção de critérios rigorosos para a criação e padronização dos termos controlados, incluindo a definição clara de conceitos, a eliminação de ambiguidades e a revisão por especialistas, a fim de garantir a precisão e a confiabilidade das informações.

301. Risco de Reidentificação. Possibilidade de que dados anonimizados possam ser revertidos e associados novamente a uma pessoa específica por meio de técnicas de análise ou combinação com outras informações.

302. Risco. Potenciais dificuldades ou obstáculos que podem afetar o plano.

303. Roadmap. Representação visual de um plano ou projeto, destacando etapas principais e pontos de decisão.

304. ROI (Return on Impact). Medida de sucesso que considera o impacto social ou ambiental além do retorno financeiro.

305. ROI (Return on Investment). Cálculo do retorno financeiro em relação ao investimento.

306. Rótulo Semântico (Tags). Marcadores ou etiquetas usadas para adicionar significado aos dados, facilitando a compreensão e a conexão entre conjuntos de dados semelhantes ou relacionados.

307. Segurança da informação. Abrange as medidas adotadas para proteger os dados governamentais contra acessos não autorizados, violações e ataques cibernéticos.

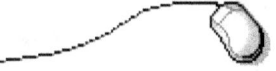

308. Série temporal. Dados organizados em uma sequência cronológica que podem ser utilizados para analisar tendências e padrões ao longo do tempo nos conjuntos de dados abertos.

309. Servidor de Aplicação. É um computador que disponibiliza um ambiente para a instalação e execução de certas aplicações, centralizando e dispensando a instalação nos computadores clientes.

310. Sinergia – A interação ou cooperação de várias partes para criar um resultado maior do que a soma de suas partes individuais.

311. Sinergia Organizacional. Convergência e aproveitamento das capacidades da organização em prol dos objetivos do plano.

312. Sinergia. Colaboração efetiva entre diferentes partes para potencializar resultados.

313. Sinônimo. Um termo que tem o mesmo significado, ou um significado semelhante, de outro termo dentro de um vocabulário controlado. Os sinônimos permitem uma maior flexibilidade e precisão na recuperação de informações, garantindo que diferentes palavras possam ser usadas para representar o mesmo conceito.

314. Sistema de Informação. É a expressão utilizada para descrever um Sistema seja ele automatizado (que pode ser denominado como Sistema Informacional Computadorizado), seja manual, que abrange pessoas, máquinas e/ou métodos organizados para coletar, armazenar, processar, transmitir e disseminar dados que representam informação para o usuário e/ou cliente.

315. Snapshot. Captura instantânea de um conjunto de dados em um determinado ponto no tempo, armazenada no CKAN para permitir análises históricas.

316. Stakeholders. Indivíduos ou grupos com interesse ou influência no sucesso do plano.

317. Supressão. Uma técnica de anonimização que envolve a remoção completa de certas informações sensíveis dos dados, a fim de proteger a identidade dos indivíduos.

318. Sustentabilidade – A capacidade de manter um sistema ou processo ao longo do tempo, considerando impactos ambientais, sociais e econômicos.

319. Sustentabilidade. Habilidade de manter os resultados a longo prazo.

320. SWOT (Strengths, Weaknesses, Opportunities, Threat ats). Análise das forças, fraquezas, oportunidades e ameaças relacionadas ao plano.

321. Tag System. Sistema de etiquetas usado no CKAN para categorizar e facilitar a busca por conjuntos de dados relacionados por meio de palavras-chave.

322. Tática. Ações específicas implementadas para executar a estratégia.

323. Taxonomia. Uma forma de organização hierárquica que classifica os termos controlados com base em suas características comuns, permitindo uma estrutura categorizada para o vocabulário.

324. Termo Controlado. Um termo específico que faz parte de um vocabulário controlado. Geralmente, é definido de forma precisa e possui uma relação semântica clara com outros termos dentro do vocabulário, facilitando a recuperação de informações e evitando ambiguidades.

325. Tesauro. Uma estrutura organizada de termos controlados que representa um domínio de conhecimento específico. O tesauro inclui sinônimos, antônimos, relações hierárquicas e outros relacionamentos

semânticos entre os termos, auxiliando na indexação e na busca de informações consistentes.

326. Time Series Data (Dados de Séries Temporais). Sequência de pontos de dados coletados ou registrados em intervalos de tempo sequenciais.

327. Time-Stamped Metadata. Metadados com carimbo de tempo que fornecem informações contextuais sobre a coleta e a modificação dos dados, incluindo datas e horas específicas.

328. Tokenização. Processo de substituição de informações sensíveis por tokens únicos, mantendo uma tabela de correspondência para permitir a reversão da anonimização, quando necessário.

329. Transformação – A mudança significativa e duradoura na forma como algo é feito ou percebido.

330. Transparência governamental. Refere-se à divulgação de informações governamentais, incluindo os dados, para promover a prestação de contas e a confiança da sociedade.

331. Transparência. Um dos três eixos sustentadores do Governo Aberto. Trata da promoção da responsabilidade de informar os cidadãos sobre o que o governo está fazendo e que ações pretende tomar.

332. Transparência. Prática de ser claro e aberto em todas as comunicações e operações.

333. Usabilidade. Termo usado para definir a facilidade com que as pessoas podem empregar uma ferramenta ou objeto a fim de realizar uma tarefa específica e importante.

334. Uso Transversal. A aplicação de um vocabulário controlado em diversos contextos e setores, permitindo que ele seja utilizado e entendido por

diferentes partes interessadas e comunidades, promovendo a interoperabilidade e a troca de informações.

335. Validação de Metadados. Processo de verificar se os metadados atendem a determinados padrões de qualidade e se estão corretamente alinhados com os dados que descrevem.

336. Validação. O processo de avaliar e confirmar a precisão e a qualidade dos termos controlados dentro de um vocabulário, garantindo que eles estejam corretamente definidos e atualizados.

337. Version History. Histórico de versões que documenta as diferentes versões de um conjunto de dados no CKAN, incluindo alterações, atualizações e correções feitas ao longo do tempo.

338. Viabilidade – A capacidade de ser concretizado ou realizado com sucesso.

339. Viabilidade. Avaliação da possibilidade de realizar o plano com sucesso considerando os recursos disponíveis.

340. Visão. Perspectiva ampla descrevendo o que o plano procura alcançar no longo prazo.

341. Visualização de dados. É a representação gráfica e interativa dos dados governamentais, facilitando a compreensão e interpretação das informações.

342. Visualização de Dados. Representação gráfica de dados para ajudar a comunicar informações de forma clara e eficiente, utilizando elementos visuais como gráficos, diagramas e mapas.

343. Visualização de Dados. Representação gráfica de dados para ajudar a comunicar informações de forma clara e eficiente, utilizando elementos visuais como gráficos,

344. Vocabulário Controlado Multilíngue. Um vocabulário controlado que é desenvolvido e mantido em mais de um idioma, permitindo a interoperabilidade entre diferentes línguas e facilitando a troca de informações em contextos multiculturais.

345. Vocabulário Controlado. Conjunto padronizado de termos utilizados para garantir consistência na descrição e indexação de conjuntos de dados.

346. Vocabulário Controlado. Um vocabulário estruturado e padronizado que consiste em termos, conceitos e relações hierárquicas ou semânticas predefinidas. É utilizado para organizar e categorizar informações de forma consistente e precisa, garantindo uma comunicação clara e eficiente.

"A abertura dos dados governamentais é um dos pilares para a construção de cidades inteligentes e sustentáveis."

Anne Hidalgo1.

[1] Prefeita de Paris

4 CONHEÇA O AUTOR

Prof. Marcão - Marcus Vinícius Pinto

Minha trajetória profissional, rica em décadas de experiência em Ciência da Informação, Marketing e Educação, é um reflexo da minha incansável busca por aperfeiçoamento e compreensão aprofundada tanto das áreas tecnológicas quanto do intrincado funcionamento da mente humana.

Minha atuação como consultor, educador e escritor é marcada por uma firme dedicação à eficiência e coerência, valores que considero essenciais em qualquer processo de transmissão de conhecimento.

Vivendo com a ausência do pé esquerdo, encarei tal desafio não como uma limitação, mas como um estímulo constante para superações diárias e valorização da singularidade de cada indivíduo.

Cada obstáculo ultrapassado me permitiu enxergar novos horizontes e, sobretudo, aproveitar as oportunidades para inovar e contribuir de forma significativa para o avanço da ciência da informação.

Atualmente, alcanço um ponto crucial de consolidação em minha carreira profissional me dedicando a escrever, onde os temas em torno da ciência da informação me conduzem a oferecer uma visão perspicaz e abrangente sobre os complexos processos de armazenamento, organização e disseminação de dados.

Meus livros, artigos e videoaulas são ferramentas para desvendar e esclarecer as complexidades da Ciência da Informação em todas as suas formas.

Ao longo dos anos, envolvi-me profundamente em projetos de arquitetura da informação, engenharia de atributos e desenvolvimento de software. Utilizei diversas metodologias para assegurar eficiência e qualidade nas soluções criadas, sempre com um olhar atento para detalhes que permitem o aprimoramento contínuo.

A modelagem de dados, o *Data Warehouse*s e a validação e gerenciamento de modelos estruturais estão entre os pilares do meu trabalho, fundamentando e solidificando os resultados que apresento.

Além das atividades empresariais onde ofereço soluções inovadoras para desafios complexos, dedico-me intensamente à disseminação de conhecimento. Minhas palestras, treinamentos e mentorias empresariais funcionam como canais para ampliar o entendimento e a aplicabilidade das estratégias que desenvolvo.

Paralelamente, meu papel como criador de conteúdo no YouTube me permite alcançar um público marcado pela curiosidade intelectual e ávido por inovação.

A plataforma me oferece a chance de dialogar de maneira dinâmica e interativa, abrindo espaço para debates sobre uma gama vasta de temáticas.

Minha jornada como autor de mais de 100 livros, todos disponibilizados na Amazon, Hotmart e outras plataformas digitais é um testemunho do meu compromisso

contínuo com o aprendizado e a educação.

Esses livros são faróis de conhecimento, destinados a um público que busca compreender mais, questionar e avançar em suas próprias áreas de interesse.

Percebo a crescente importância dos cursos e livros on-line como instrumentos poderosos na educação contemporânea.

A inteligência artificial, por exemplo, tem trazido transformações significativas, permitindo que o aprendizado seja personalizado e acessível a um maior número de pessoas.

A substituição da sala de aula presencial por meios digitais é uma tendência que não apenas acompanha os avanços tecnológicos, mas também democratiza o conhecimento.

Minha preocupação em aprimorar o conhecimento das pessoas é incessante. Acredito que os livros e cursos on-line têm o potencial de alcançar corações e mentes de maneira eficaz, oferecendo flexibilidade e permitindo que cada indivíduo absorva a informação no próprio ritmo.

As plataformas digitais são para mim uma extensão natural do desejo de educar e proporcionar insights profundos.

Além do papel de educador e escritor, a dedicação à tecnologia e à eficiência instrutiva é uma constante na minha vida. Desenvolvo conteúdos e ferramentas que permitem às pessoas acessar informações úteis de maneira intuitiva.

A Ciência da Informação não é apenas um campo técnico, mas uma ponte entre a complexidade dos dados e a clareza do entendimento humano.

Portanto, minha missão é clara: estou sempre em busca de novas maneiras de comunicar, educar e inspirar.

Seja por meio de livros, vídeos, ou palestras, estou comprometido com o aprimoramento contínuo e com a construção de um legado de conhecimento duradouro.

A vida pessoal, igualmente significativa, me enche de felicidade e plenitude. Casado com Andréa desde 2008, desfruto de uma união repleta de alegria e companheirismo, que me energiza e me sustenta em todas as minhas empreitadas.

Encontro também na música, especialmente ao piano, uma fonte de paz e inspiração, que complementa minha jornada profissional e pessoal.

Assim, sigo como "um escritor em busca de um leitor", guiado pela paixão de compartilhar conhecimento e impulsionado pela crença de que cada insight compartilhado é uma semente plantada para um futuro mais esclarecido e inovador.

Um abraço do Prof. Marcão!

Um escritor em busca de um leitor.

4.1 COMO CONTATAR O PROF. MARCÃO.

Para palestras, treinamento e mentoria empresarial faça contato no meu perfil no LinkedIn ou pelo e-mail marcao.tecno@gmail.com.

Prof. Marcão – MARCUS VINÍCIUS PINTO

CONSULTORIA | MENTORIA | TREINAMENTO | PALESTRAS

marcao.tecno@gmail.com

https://bit.ly/linkedin_profmarcao

Seja meu seguidor e tenha acesso a conteúdos imperdíveis!

LIVROS E CURSOS → bit.ly/3UMg7E9

MEUS CANAIS NO YOUTUBE:

Ars Cognitio → bit.ly/arscognitio

Inteligência Artificial → https://bit.ly/inteligencia-artificial-mvp

INSTAGRAM → bit.ly/3tpZ5kp

NEWSLETTER SEMANAL NO LINKEDIN → bit.ly/3RQTBs4

EMPRESA DE CONSULTORIA E TREINAMENTO →https://mvpconsult.com.br

PERFIL NO LINKEDIN → https://bit.ly/linkedin_profmarcao

PÁGINA DA MINHA EMPRESA NO LINKEDIN → https://bit.ly/4bn3bdA

Facebook

https://www.facebook.com/marcao.tecno/

https://www.facebook.com/o.y.da.questao/

X → @prof_marcao_bh

"Em um mundo inundado de informações irrelevantes, clareza é poder."

Yuval Noah Harari[2]

---

[2] Yuval Noah Harari é uma figura influente no campo dos estudos históricos e sociais contemporâneos. Suas obras, incluindo Sapiens: Uma Breve História da Humanidade, Homo Deus: Uma Breve História do Amanhã e 21 Lições para o Século 21, exploram a trajetória e o futuro da humanidade com uma abordagem multidisciplinar e acessível.

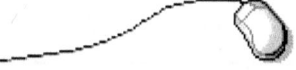

5 COLEÇÕES DE LIVROS DO PROF. MARCÃO.

5.1 COLEÇÃO DADOS ABERTOS.

Explore o mundo da abertura de dados governamentais com a série exclusiva de livros do Prof. Marcão, disponíveis agora na Amazon e na Hotmart!

1. Dados Abertos e Transparência Governamental. Este livro é o ponto de partida perfeito para entender os princípios dos dados abertos e sua aplicação na transparência governamental. O Prof. Marcão explora como a arquitetura dos dados abertos é construída e como isso impacta as práticas de transparência dos órgãos públicos.

2. Caderno 1 - Dados Abertos - Definições de Arquitetura. Neste primeiro caderno, o Prof. Marcão mergulha nas definições de arquitetura de dados abertos. Descubra os conceitos essenciais, frameworks e padrões adotados pelos principais projetos de dados abertos ao redor do mundo.

3. Caderno 2 - Dados Abertos - Análise Planos de Dados Abertos. Neste segundo caderno, o Prof. Marcão ensina como analisar planos de dados abertos existentes. Aprenda a identificar elementos essenciais, a avaliar sua efetividade e a sugerir melhorias para aprimorar a abertura e o uso dos dados governamentais.

4. Caderno 3 - Dados Abertos - Elaboração de Plano de Dados Abertos. Descubra como criar um plano de dados abertos eficaz neste terceiro caderno da série. Aqui você encontra orientações práticas sobre como elaborar um plano abrangente e alinhado às necessidades específicas de cada organização.

5. Caderno 4 - Dados Abertos - Planos de Ação. Dê vida ao seu plano de dados abertos com este caderno abrangente. O Prof. Marcão explica como criar e executar planos de ação eficientes, estabelecendo marcos, responsabilidades e prazos para alcançar os objetivos propostos.

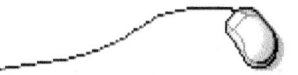

6. Caderno 5 - Dados Abertos - *Datasets*. Explore a diversidade de datasets e aprenda a selecionar os mais relevantes para seu Portal de Dados Abertos. O Prof. Marcão apresenta diferentes tipos de dados abertos e oferece insights sobre como acessar, limpar e analisar os datasets de forma eficiente.

7. Tudo de Dados Abertos. Um guia abrangente que reúne todos os conceitos e práticas relacionados aos dados abertos, oferecendo uma visão completa sobre o tema.

8. Dados Abertos - Todas as Perguntas. Encontre respostas para as dúvidas mais comuns sobre dados abertos nesta obra de referência, que aborda desde questões técnicas até aspectos legais e éticos relacionados à abertura de dados. Este livro é composto por 178 questões que o profissional ligado à abertura de dados governamentais precisa ter clareza. Com respostas que são verdadeiras aulas sobre o tema.

9. Dados Abertos - Glossário. Um recurso essencial que traz definições claras e concisas dos termos e conceitos fundamentais do universo dos dados abertos. O livro abrange 346 conceitos com explicações objetivas e sintéticas para maximizar sua compreensão.

10. Dados Abertos - *OpenQuiz*. Neste livro você tem 409 perguntas de múltipla escolha com respostas ao final do livro para você testar e fixar seus conhecimentos sobre o tema da abertura de dados governamentais.

11. Dados Abertos e Transparência Governamental. Perspectivas, cenários e planejamento. A proposta deste livro é ser um guia prático para capacitar o leitor a participar dos movimentos de abertura de dados governamentais.

12. Guia Rápido de Elaboração de Plano de Dados Abertos. este livro é um guia facilitador para elaboração de Plano de Dados Abertos – PDA – e é um resumo do Caderno 3 que contempla a completude da roteirização da elaboração de um PDA.

A coleção está disponível na Amazon e na Hotmart.

Para quem é esta coleção?

Esta série se destina a profissionais desenvolvedores de aplicações, acadêmicos, pesquisadores, jornalistas, analistas de sistemas, cientistas de dados, ONGs, órgãos públicos e cidadãos em geral que possuam familiaridade com tratamento de dados e que participam ou irão participar em processos de abertura de dados governamentais.

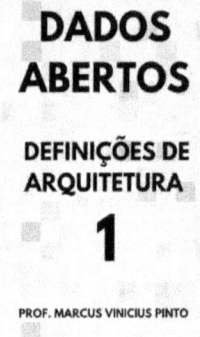

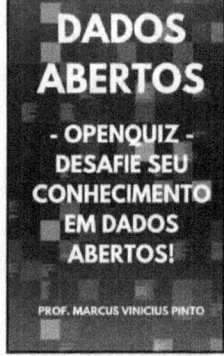

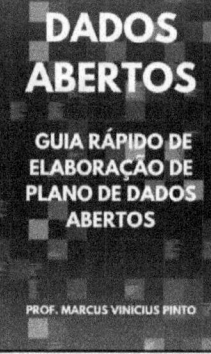

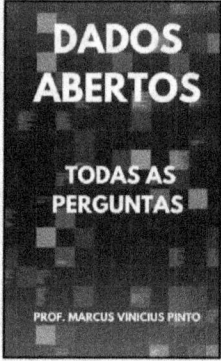

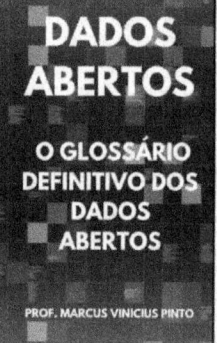

5.2 Coleção Governança de Dados.

Em nosso mundo pós-moderno, em que a quantidade de dados flui incessantemente pelos labirintos das tecnologias avançadas, a necessidade de domar essa torrente de bites e bytes e garantir sua qualidade e integridade nunca foi tão vital. Diante desse

panorama, emergem desafios que exigem abordagens racionais e diligentes.

É nesse contexto que se insere esta coleção, obras que desvendam as complexidades e intricâncias da administração de dados, dando ênfase à auditoria de modelos de dados, abreviações, históricos, metadados, paradados e governança de dados.

No contexto desta narrativa, mergulhamos profundamente no vasto horizonte temático relacionado à administração de dados. Exploramos as técnicas e práticas que se alinham com a valorização dos dados, compreendendo que estes são o ouro do século XXI.

A despeito de sua aparente imaterialidade, os dados possuem enormes implicações para as organizações, informando suas ações, fundamentando suas decisões e sustentando suas estratégias.

A auditoria de modelos de dados, um pilar crítico nessa jornada, é abordada de forma minuciosa e profunda. Mergulharemos nas ferramentas e métodos que atuam como sentinelas rigorosas, garantindo que as estruturas de dados sejam robustas, coerentes e precisas.

Verdadeiros guardiões da integridade, estes auditores de modelos conferem a confiabilidade vital que sustenta toda a infraestrutura de informação.

Além disso, trazemos à tona as abreviações e seus intrincados significados nesse contexto. Essas simplificações linguísticas, embora encurtem nomes e conceitos, não podem abalar a eficiência e clareza do universo dos dados.

A governança de dados, tema central desta coleção, é a cola que mantém todos os elementos e conceitos abordados unidos em uma sinergia poderosa. A governança eficiente impulsiona a integração de processos e tecnologias, promovendo uma gestão sólida e garantindo a conformidade com normas e regulamentações.

À medida que nos aprofundamos nesse vasto oceano de conhecimento, somos levados a refletir sobre a abrangência da administração de dados em nossas

sociedades modernas. A arte de governar dados se manifesta de forma sutil e sofisticada, permeando todos os aspectos de nossas vidas.

A explosão dos avanços tecnológicos e a crescente utilização de IA em diversos setores têm colocado em destaque a relevância dos dados como a matéria-prima essencial para o pleno sucesso destes projetos.

Neste cenário, a correta governança de dados se torna fundamental para garantir a qualidade, segurança.

O autor detalha a importância da qualidade dos dados, segurança, ética, políticas regulatórias, transparência, rastreabilidade e participação na governança dos dados.

Além disso, são abordados temas como administração de dados, capacidade e escalabilidade, treinamento e conscientização, conformidade legal, análise de impacto de dados, gerenciamento de mudanças, responsabilidade no uso de dados em IA, entre outros.

A coleção também destaca a necessidade de estruturar adequadamente as bases de dados para projetos de IA, além de diferenciar a governança de dados da gestão de dados e apresentar ferramentas e tecnologias específicas para a governança de dados.

Aspectos como segurança, privacidade, ética, transparência e conformidade legal são discutidos em detalhes, juntamente com as dificuldades atuais e as perspectivas para o futuro nesse campo em constante evolução.

Com uma abordagem prática e atualizada esta coleção é uma leitura essencial para profissionais que atuam com IA, Data Science, gestão da informação, administração de dados e governança de dados, bem como estudantes e pesquisadores interessados no tema.

Aqui você encontra insights valiosos e estratégias para alcançar o sucesso na implementação de projetos de IA por meio de uma governança de dados eficaz.

A coleção está disponível na Amazon e na Hotmart.

Para quem é esta coleção?

Esta coleção abrangente e especializada destina-se a profissionais e interessados em áreas como Inteligência Artificial, Data Science, Administração de Dados e Governança de Dados, oferecendo um mergulho profundo no universo vital e complexo dos dados no século XXI.

5.3   COLEÇÃO INTELIGÊNCIA ARTIFICIAL.

Nos últimos anos, a Inteligência Artificial (IA) tem se estabelecido como uma das áreas mais emocionantes e inovadoras da ciência da computação e da tecnologia.

A capacidade de máquinas e algoritmos aprenderem, raciocinarem e tomarem decisões de forma autônoma está transformando profundamente diversos setores e impulsionando avanços exponenciais em diversas áreas.

Esta coleção vem preencher uma lacuna fundamental ao apresentar ao leitor uma visão abrangente e acessível sobre os principais conceitos, aplicações e desafios enfrentados na era da Inteligência Artificial.

Desde a importância da informação como matéria-prima essencial até a discussão sobre ética, privacidade de dados e o futuro promissor desta tecnologia, cada capítulo aborda de forma clara e detalhada aspectos fundamentais para compreender a IA e seu impacto na sociedade.

Ao acompanhar a evolução histórica da IA, desde seus primórdios até os representantes atuais e os avançados modelos de linguagem de grande escala, o leitor será levado em uma jornada fascinante através dos marcos históricos e das inovações tecnológicas que moldaram o cenário atual da IA.

Os temas abordados, tais como Machine Learning, Processamento de Linguagem Natural, Visão Computacional, Ética e Transparência em Projetos de IA, entre outros, foram cuidadosamente selecionados para fornecer uma visão abrangente e atualizada sobre a IA.

Além disso, a discussão sobre a importância dos dados, a estruturação correta de bases de dados e os desafios éticos e legais enfrentados na implementação de projetos de IA fornecem Insights valiosos para profissionais e pesquisadores da área.

Através de explicações claras, exemplos práticos e uma abordagem didática, esta coleção tem o objetivo de orientar o leitor em meio ao vasto e dinâmico campo da

Inteligência Artificial, fornecendo conhecimentos essenciais e perspectivas abrangentes para aqueles que desejam compreender, aplicar e explorar todo o potencial e as possibilidades oferecidas por essa revolucionária tecnologia.

Além disso, as seções dedicadas à segurança e privacidade de dados, ética e compliance legal refletem a importância crescente de abordar essas questões de forma responsável e transparente no desenvolvimento e implementação de sistemas de IA.

A coleção também destaca a relevância da qualidade e confiabilidade dos dados, ressaltando a necessidade de estruturar adequadamente as bases de dados para garantir resultados precisos e confiáveis em projetos de IA. Com casos de estudo detalhados, como o do chat GPT, o leitor terá a oportunidade de explorar na prática como a estruturação e o modelo de dados podem impactar diretamente no desempenho e na segurança de sistemas de IA.

À medida que a Inteligência Artificial continua a desempenhar um papel cada vez mais central em nosso cotidiano, compreender os desafios, implicações éticas e oportunidades associadas a essa tecnologia se torna essencial para todos os envolvidos no seu desenvolvimento, implementação e regulamentação.

A coleção não apenas oferece um mergulho profundo nos conceitos essenciais e nas aplicações práticas da Inteligência Artificial, mas também alimenta reflexões sobre o futuro desta disciplina e seu impacto na sociedade e na humanidade como um todo.

Convido você, caro leitor, a se aventurar nas páginas desta coleção e explorar um universo de conhecimento e descobertas no fascinante mundo da Inteligência Artificial.

Não perca a oportunidade de aprender mais sobre a tecnologia que está mudando o mundo.

A coleção está disponível na Amazon e na Hotmart.

Para quem é esta coleção?

A coleção se destina a profissionais de tecnologia, estudantes, gestores, educadores e interessados em geral que desejam explorar e compreender o universo da inteligência artificial de forma acessível e abrangente.

5.4   COLEÇÃO BIG DATA.

O Big Data mudou a forma como empresas e profissionais interagem com dados e informações. Neste contexto, a coleção Big Data emerge como um recurso essencial para todos aqueles que desejam dominar esse vasto campo.

Composta por seis obras detalhadas e estrategicamente estruturadas, a coleção promete não apenas esclarecer, mas também capacitar qualquer indivíduo que deseje transformar dados em ações estratégicas.

1. Simplificando o Big Data em 7 Capítulos é um livro que tem como objetivo ser um ponto de partida ideal para novatos e veteranos no campo do Big Data. A promessa de simplificação, dividida sabiamente em sete capítulos, permite ao leitor compreender conceitos complexos de forma clara e direta.

    A organização sistemática dos capítulos garante que a introdução ao Big Data seja feita de maneira gradual e compreensível, desmistificando mitos e quebrando barreiras iniciais.

    É o guia perfeito para entender o que é Big Data, sua importância e suas aplicações práticas.

2. Arquitetura de Big Data é destinado aos que desejam ir além dos conceitos básicos e entender as fundações técnicas. Este livro mergulha nas estruturas necessárias para coleta, armazenamento e processamento de grandes volumes de dados.

    Com exemplos práticos e casos de uso reais, o autor detalha como construir e manter uma infraestrutura robusta e eficiente. Leitores aprenderão sobre diferentes arquiteturas, suas vantagens e desvantagens, permitindo uma tomada de decisão informada sobre qual arquitetura adotar para diferentes necessidades.

3. Implementação de Big Data busca compreender a teoria por trás da arquitetura e seus desafios. "Implementação de Big Data" trata de guiar o

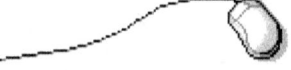

leitor através das técnicas e ferramentas necessárias para colocar em prática os conceitos previamente aprendidos.

Este livro é um manual prático, repleto de instruções passo a passo para a implantação de projetos de Big Data.

Desde a seleção das ferramentas apropriadas até a execução de pipelines de dados, o leitor será equipado para enfrentar desafios reais no mundo da implementação.

4. Gestão de Big Data trata do gerenciamento eficaz do Big Data e vai além da implementação técnica, envolvendo governança, segurança e alocação eficaz de recursos. "Gestão de Big Data" aborda esses aspectos cruciais, proporcionando uma visão estratégica sobre como manter e otimizar operações de Big Data.

Gerir grandes volumes de dados exige um entendimento profundo sobre hierarquias de dados, conformidade com regulamentações e políticas de segurança.

Este livro propõe-se a capacitar gestores e líderes na criação de estratégias eficazes para garantir que os dados sejam não apenas bem administrados, mas também utilizados de forma a agregar valor contínuo para a organização.

5. Glossário de Big Data está repleto de terminologia específica e é uma ferramenta indispensável para navegantes desse vasto oceano de informações. Este livro fornece definições claras e concisas para uma ampla gama de termos técnicos e jargões, funcionando como um dicionário prático que pode ser consultado a qualquer momento.

6. 700 Perguntas sobre Big Data tem a função de conduzi-lo para uma prática guiada e oferece um banco de questões exaustivo que cobre uma gama diversificada de tópicos discutidos nos livros anteriores.

Esta obra é desenhada não apenas para reforçar o conhecimento adquirido,

mas também para preparar leitores para cenários reais e exames de certificação.

As perguntas, acompanhadas de explicações detalhadas, permitem que o leitor revise e teste seu entendimento, identificando áreas que necessitam de mais estudo.

A coleção está disponível na Amazon e na Hotmart.

Para quem é esta coleção?

Esta coleção é destinada a um público diversificado e abrangente, incluindo profissionais de TI e Engenheiros de Dados, Gestores e Líderes de Projeto, Estudantes e Pesquisadores, bem como Empreendedores e Executivos.

5.5 COLEÇÃO PROCESSO DE *DATA WAREHOUSE*.

O projeto de um *data warehouse* é uma empreitada de complexidade elevada para qualquer instituição, independentemente de seu porte e de seus orçamentos. Os custos, prazos e diversidades de conhecimentos envolvidos aumentam a pressão por resultados bem-sucedidos e rápidos.

A abordagem está centrada em um modelo de marcos que direciona o processo de desenvolvimento de *data mart*s, enquanto propõe um conjunto de artefatos para a coleta, registro e documentação dos aspectos funcionais, não-funcionais e multidimensionais que integram a solução.

A metodologia PDW – Processo de Data Warehousing, desenvolvida por mim, adotada em diversas instituições de ensino, incorpora as melhores práticas do modelo de Melhoria de Processo de Software Brasileiro - MPS.BR, do processo RUP – Rational Unified Process, da linguagem Unified Modeling Language – UML, do gerenciamento de projetos segundo o PMI – Project Managent Institute, da modelagem dimensional e da clássica modelagem de dados Entidade-Relacionamento – ER.

A metodologia PDW está estruturada em três vertentes principais.

A primeira vertente consiste na revisão da bibliografia relevante e envolveu uma análise abrangente e aprofundada da literatura existente sobre *data warehouse* e serviu de base para formular uma metodologia abrangente que contempla as melhores características e propondo soluções para problemas identificados em cada metodologia existente.

Ao explorar a revisão da bibliografia relevante, os profissionais ganham uma compreensão profunda das melhores práticas e dos conceitos fundamentais que sustentam a construção de *data warehouse*s efetivos. Esse conhecimento teórico é crucial para fundamentar as decisões estratégicas e técnicas ao longo do projeto.

Estão detalhados os conceitos fundamentais e os alicerces que sustentam a

metodologia PDW.

O objetivo é proporcionar uma base teórica sólida, identificando as melhores práticas, tendências emergentes e estudos de caso que possam enriquecer e validar a proposta metodológica.

A segunda vertente consiste na apresentação detalhada da metodologia. Esta abordagem oferece uma descrição minuciosa e sistemática da metodologia PDW, delineando cada um dos seus componentes e fases.

A apresentação detalhada da metodologia fornece um roteiro claro e detalhado, abordando desde a concepção e design até a implementação e manutenção contínua.

Cada fase do processo é descrita com precisão, permitindo que os profissionais sigam um caminho estruturado e lógico, aumentando assim as chances de um resultado bem-sucedido.

São abordados aspectos técnicos, estratégicos e operacionais, assegurando que todos os passos necessários para o sucesso do projeto de *data warehouse* sejam contemplados.

A terceira vertente consiste na apresentação dos templates e artefatos auxiliares: para facilitar a implementação da metodologia, uma série de templates e outros artefatos auxiliares são disponibilizados.

Estes recursos padronizados incluem modelos de documentação, checklists, guias de melhores práticas e ferramentas de suporte, que ajudam a garantir consistência, eficiência e qualidade no desenvolvimento dos projetos.

Esses auxiliares atuam como guias práticos que simplificam o processo e contribuem para a mitigação de riscos e a obtenção de resultados mais previsíveis e bem-sucedidos.

Além disso, os templates e artefatos auxiliares oferecidos são ferramentas valiosas

que facilitam a padronização e a eficiência do trabalho. Esses recursos ajudam a garantir que todas as etapas sejam cobertas de maneira consistente, reduzindo os riscos e promovendo a qualidade dos resultados.

A coleção está disponível na Amazon e na Hotmart.

Para quem é esta coleção?

A metodologia PDW é especialmente concebida para profissionais de tecnologia da informação e de *business intelligence* que se dedicam a projetos de desenvolvimento de *data mart*s, *data warehouse*s, *data lakes* e *big data*.

5.6 COLEÇÃO CIÊNCIA DA INFORMAÇÃO.

Explore o universo da ciência da informação com esta coleção especializada!

Seja bem-vindo à coleção de livros que irá expandir seus horizontes para o mundo da ciência da informação, padrões de nomeação e gestão da informação!

Nos dois primeiros livros da coleção, você terá a oportunidade de mergulhar em um

universo fascinante que aborda os principais fundamentos para alcançar uma governança eficaz dos dados, garantir a integridade das informações e estabelecer padrões de nomeação consistentes.

Livro 1. Ciência da Informação, Tecnologia e Profissões em Tecnologia: conceitos explicados.

Descubra os segredos dos especialistas em governança de dados e aprenda a implementar práticas sólidas que garantam a qualidade e confiabilidade dos dados em sua organização.

Aprenda a estruturar e organizar seus dados de forma eficiente, gerenciar metadados vitais e aplicar medidas de segurança robustas para proteger informações sensíveis. Este livro é o ponto de partida ideal para quem deseja se destacar na área da gestão da informação.

Livro 2. Palavras e Abreviaturas: vocabulário controlado para dicionário de dados em projetos de bases de dados e modelagem de dados.

Mergulhe nos padrões de nomeação de dados, que são a base para uma gestão eficiente da informação.

Descubra como estabelecer uma nomenclatura coerente, consistente e fácil de entender, permitindo que todos na organização tenham uma visão clara sobre como os dados estão estruturados e como localizá-los facilmente.

Além disso, explore a importância da gestão da informação como um recurso estratégico para impulsionar o sucesso do negócio.

Por que adquirir esses livros?

- Conhecimento abrangente: aborda os fundamentos essenciais para a governança de dados e gestão da informação.

- Aplicabilidade prática: orientações práticas e insights valiosos para aprimorar seus conhecimentos.

- Base sólida para o sucesso: construa uma base sólida para o sucesso na governança de dados e gestão da informação.

A coleção está disponível na Amazon e na Hotmart.

Para quem é esta coleção?

Esta coleção especializada em Ciência da Informação, Padrões de Nomeação e Gestão da Informação é destinada a profissionais e estudantes que buscam aprimorar seus conhecimentos e habilidades na área de governança de dados, estruturação de informações e padrões de nomenclatura.

Seja parte da revolução dos dados e embarque nesta jornada enriquecedora rumo ao sucesso na governança de dados e na gestão da informação.

Desafie-se a ampliar seus conhecimentos!

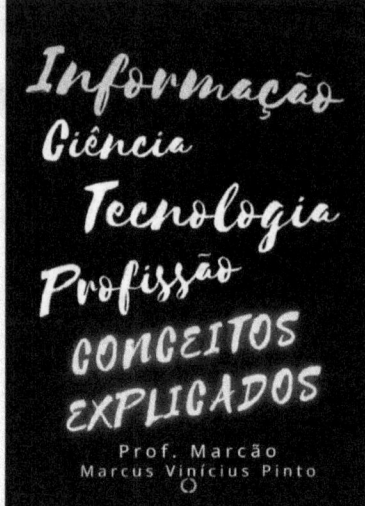

5.7 COLEÇÃO JOAQUIM EMANUEL PINFA.

Porque fazer piadas sobre os portugueses.

Bem, eu tenho uma razão.

Sempre gostei muito do humor, seja em forma de historietas, contos ou piadas. Escolhi o tema "piadas de português" porque elas existem aos montes. Meu trabalho foi só compilá-las.

A coleção é composta por quatro volumes incríveis. Essa coleção promete trazer doses generosas de bom humor e risadas garantidas para alegrar o seu dia.

Na Parte 1 - "Piadas do cotidiano", você vai se identificar com aquelas situações hilárias que acontecem no dia a dia de cada um de nós. Prepare-se para dar boas gargalhadas com histórias que poderiam muito bem ter saído da sua própria vida.

Já na Parte 2 - "Piadas temáticas", o riso é garantido com as situações mais absurdas e engraçadas sobre temas variados, desde profissões, passando por meios de transporte e tecnologia, cada página reserva uma surpresa diferente para arrancar risadas até dos mais sisudos!

Em seguida, na Parte 3 - "Inacreditáveis e Invenções", prepare-se para se surpreender com as piadas mais inusitadas e criativas que você já viu. Com histórias que desafiam a lógica e a realidade, você vai se pegar se perguntando: "Isso é sério mesmo?" Mas, no final das contas, o que importa é rir sem moderação!

E para fechar com chave de ouro, a Parte 4 - "Pequeno Dicionário Luso-Lusitano" vai te levar para uma viagem divertida pelas palavras e expressões mais características da nossa língua. Com definições irreverentes e brincadeiras linguísticas, você vai se divertir e aprender de uma forma leve e descontraída.

Se você deseja curar todas as suas preocupações, dissolver o estresse do dia a dia e encontrar a felicidade em forma de palavras e risos, então o livro "Gargalhaire ié o melhor med'camento" é a chave para abrir as portas do bom humor e da descontração em sua vida!

Deixe-se envolver pelas histórias hilárias, piadas contadas com maestria e surpresas que vão fazer você gargalhar como nunca. Afinal, rir é contagioso e funciona como terapia para mente e para o espírito.

Se você quer esquecer as preocupações, aliviar o estresse e encontrar felicidade através de palavras e risadas, então esta coleção é a sua dose de bom humor e descontração!

A coleção está disponível na Amazon e na Hotmart.

E tenha certeza de que Gargalhaire ié o melhor med'camento.

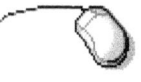

5.8   COLEÇÃO VOCÊ EMPREENDEDOR.

Bem-vindo à série de livros que irá transformar sua mentalidade e impulsionar seu potencial empreendedor!

Nesta coleção abrangente, mergulhe em um universo de conhecimento que aborda os principais pilares para alcançar o sucesso: empreendedorismo, como se tornar um milionário na internet, motivação e resiliência.

Liberte seu potencial empreendedor e embarque nesta jornada rumo ao sucesso absoluto! Adquira agora a série completa e permita-se explorar as oportunidades ilimitadas que aguardam por você.

A coleção é composta por 5 livros:

A VERDADEIRA ATITUDE EMPREENDEDORA. Este livro foi cuidadosamente elaborado com o objetivo de oferecer ao leitor um vasto e rico conhecimento sobre o mundo empreendedor, com foco em estratégias, desafios e oportunidades para alcançar o tão almejado sucesso nos negócios.

OS TRÊS MOSQUETEIROS: A VISÃO APLICADA ÀS EMPRESAS. Esta obra, escrita em coautoria com meu grande amigo e escritor Luiz Roberto Fava, visa fornecer insights valiosos e práticos para aprimorar a atuação dos colaboradores em defesa dos interesses e da reputação da empresa. Neste livro, apresentamos estratégias e ferramentas essenciais para fortalecer a equipe, promover a integração e desenvolver habilidades de comunicação e resolução de conflitos inspirados no famoso brado "um por todos e todos por um".

CAPITAL HUMANO NO TRABALHO: O VALOR DA EXPERIÊNCIA. Destinado a todos os profissionais que buscam mais do que simples títulos e conteúdos superficiais. Se você deseja compreender como valorizar a experiência no mundo corporativo e empresarial, este livro é para você. Este livro nasceu da experiência do autor como empresário com o objetivo de atender a diferentes públicos que buscam mais do que um título e conteúdos sobre o valor da experiência como balizador da

empregabilidade e da trabalhabilidade do profissional e da sua capacidade como empreendedor e intraempreendedor.

SEJA UM MILIONÁRIO NA INTERNET: CONHEÇA E PONHA EM PRÁTICA AS MELHORES FORMAS DE GANHAR DINHEIRO ON-LINE. Este livro é um compêndio de conhecimento essencial para aqueles que desejam prosperar na era da informação. Ao mergulhar nas páginas a seguir, você será apresentado a uma variedade de formas de rentabilizar seu tempo e talento na internet, seja criando produtos digitais, prestando serviços especializados ou explorando nichos de mercado promissores.

EMPREENDEDORES + EMPREENDEDORISMO = SUCESSO.: TUDO QUE VOCÊ PRECISA SABER PARA TER SUCESSO NO MUNDO EMPRESARIAL. Começar um negócio não é fácil. Crescer é ainda mais difícil. Você pode sentir que não está pronto para ter um negócio, mas se você chegou até aqui, você está.

Tudo começa com uma ideia, com a qual você está conectado e apaixonado. Se você conseguir transformar essa ideia em algo que resolva problemas do mundo real, estará no caminho certo para se tornar um empreendedor de sucesso.

A coleção está disponível na Amazon e na Hotmart.

Para quem é esta coleção?

Esta coleção é uma fonte abrangente de informações e orientações valiosas para aqueles que desejam empreender, inovar e alcançar o sucesso nos negócios.

Esteja preparado para absorver conhecimentos essenciais e inspiradores que certamente impulsionarão sua jornada empreendedora. Boa leitura e que o seu caminho empreendedor seja repleto de conquistas e realização.

Aventure-se na transformação pessoal e comece a construir seu legado hoje mesmo!

5.9   COLEÇÃO VOCÊ MELHOR.

Descubra sua Melhor Versão com a Coleção "Você Melhor"!

Composta pelos livros "Talentabilidade: Descubra e Desenvolva Seus Talentos Únicos", "A Mente em Constante Fase Beta: Potencialize seu Poder Mental", "Capacitação, Excelência e Sentido Profissional na Era da Inovação", "O Tempo nos Torna Inimigos" e "Mergulhe nas Soft Skills: Desenvolva Habilidades Essenciais para o Sucesso", cada obra foi cuidadosamente projetada para ajudá-lo a alcançar o seu máximo potencial.

Os livros também abrangem conceitos inovadores que enfatizam a importância de aprimorar suas habilidades e explorar talentos ocultos.

Você aprenderá a identificar suas aptidões únicas e encontrar maneiras de monetizá-las. Desafie-se a sair da zona de conforto e explore seu potencial máximo para alcançar o sucesso em qualquer campo que escolher.

E, é claro, não poderíamos deixar de lado a auto capacitação, uma jornada introspectiva rumo ao autodesenvolvimento. Explore técnicas comprovadas para melhorar sua inteligência emocional, autoconfiança e habilidades de tomada de decisão.

Descubra como superar a autossabotagem e adotar uma mentalidade de crescimento que o ajudará a conquistar seus objetivos mais ambiciosos.

TALENTABILIDADE: DESCUBRA E DESENVOLVA SEUS TALENTOS ÚNICOS.

> Neste livro, escrito em coautoria com meu grande amigo e escritor Luiz Roberto Fava, você será guiado a explorar e identificar seus talentos inatos, aprendendo a desenvolvê-los e aplicá-los de maneira eficaz em sua vida pessoal e profissional.

> Descubra como potencializar suas habilidades naturais para se destacar em sua área de atuação e alcançar o sucesso de forma autêntica e motivadora.

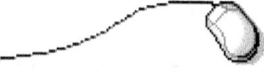

A MENTE EM CONSTANTE FASE BETA: POTENCIALIZE SEU PODER MENTAL.

A mente é uma ferramenta poderosa, e neste livro, também escrito em coautoria com meu grande amigo e escritor Luiz Roberto Fava, você descobrirá como explorar todo o seu potencial. Aprenda estratégias para desenvolver e fortalecer sua mente, potencializando sua capacidade de concentração, criatividade e resiliência.

Prepare-se para alcançar seus objetivos de forma mais assertiva e realizar conquistas significativas.

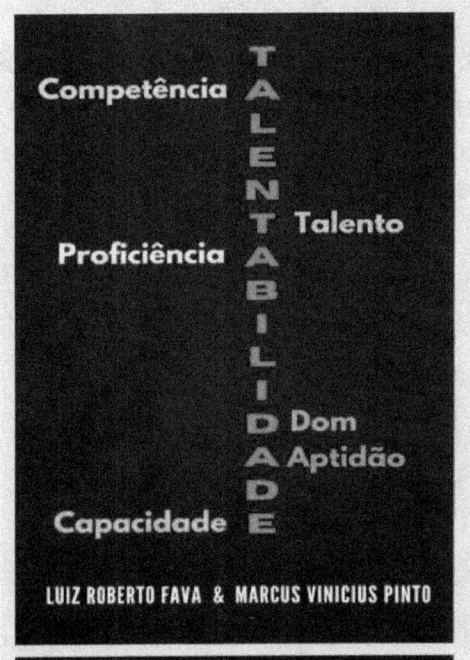 

CAPACITAÇÃO, EXCELÊNCIA E SENTIDO PROFISSIONAL NA ERA DA INOVAÇÃO.

Com a rápida evolução do mercado de trabalho, é essencial se manter atualizado e sempre em busca de excelência profissional.

Neste livro, você encontrará insights valiosos sobre como se capacitar continuamente, manter a excelência em suas atividades e encontrar sentido e propósito em sua carreira, mesmo em meio a um cenário de constante inovação.

MERGULHE NAS SOFT SKILLS: DESENVOLVA HABILIDADES ESSENCIAIS PARA O SUCESSO.

As soft skills, ou habilidades interpessoais, são fundamentais para o sucesso em qualquer área profissional. Em "Mergulhe nas Soft Skills", você será conduzido a aprimorar habilidades como comunicação eficaz, trabalho em equipe, pensamento crítico, empatia e resolução de problemas.

Essas habilidades são essenciais para construir relacionamentos sólidos, resolver conflitos de forma construtiva e alcançar seus objetivos de maneira colaborativa.

O TEMPO NOS TORNA INIMIGOS.

Este livro oferece um olhar fascinante sobre as várias maneiras pelas quais o tempo e as relações estão entrelaçadas. O autor aborda a incômoda questão – "É possível viver em uma relação em que o tempo já transformou os participantes em inimigos?"

Com capítulos abrangentes que se aprofundam em tudo, desde os tipos de inimigos – desde o inimigo gerado pelo rompimento de um relacionamento, ao inimigo cuja amizade foi traída, passando por personagens como o "inimigo

virtual" – até o impacto do tempo na deterioração dos relacionamentos e nas máscaras sociais que erguemos, este livro desafiará a maneira como você percebe suas próprias experiências e relacionamentos.

Cada livro da coleção "Você Melhor" oferece um mergulho profundo em aspectos essenciais para seu crescimento pessoal e profissional. Seja elevando seus talentos naturais, fortalecendo sua mente, encontrando significado em sua carreira ou aprimorando suas habilidades interpessoais, esses livros são um guia abrangente e inspirador para ajudá-lo a alcançar seu potencial máximo.

Esta coleção está disponível na Hotmart e na Udemy.

Para quem é esta coleção?

A coleção "Você Melhor" é indicada para qualquer pessoa que esteja em busca de autoaperfeiçoamento, crescimento pessoal e profissional. Desde estudantes em início de carreira até profissionais experientes que desejam aprimorar suas habilidades e alcançar novos patamares de sucesso, essa coleção oferece insights valiosos, orientações práticas e ferramentas essenciais para aqueles que desejam se tornar a melhor versão de si mesmos.

Se você busca desenvolver suas habilidades, potencializar sua mente, encontrar significado em sua carreira e aprimorar suas habilidades interpessoais, a coleção "Você Melhor" é o guia ideal para impulsionar sua jornada de autodescoberta e crescimento pessoal.

A coleção está disponível na Amazon e na Hotmart.

5.10 CURSO EM VIDEOAULAS + EBOOK GRATUITO. COMO SER UM PROFISSIONAL NA INTERNET.

No curso "Como ser um profissional na internet", elaborado com base em minha experiência, você terá acesso a um conteúdo abrangente e inspirador para aqueles que desejam se tornar empreendedores digitais de sucesso.

Este curso foi especialmente desenvolvido para quem almeja ser seu próprio chefe, trabalhando de casa e buscando autonomia financeira, sem a necessidade de grandes investimentos iniciais.

No decorrer do curso, você explorará as 19 principais formas de ganhar dinheiro como profissional on-line, podendo identificar aquelas que mais se adequam ao seu perfil e objetivos.

Independentemente de sua condição atual, as alternativas apresentadas foram selecionadas por sua acessibilidade e potencial de sucesso para a maioria das pessoas. Todas as oportunidades abordadas são legítimas e éticas, garantindo que você possa construir uma carreira sólida e honesta na web, sem cair em esquemas fraudulentos.

Além das opções tradicionais de trabalho on-line, o curso também aborda as novas profissões emergentes e apresenta 7 estratégias de planejamento fundamentais para o sucesso nesse ambiente digital em constante evolução.

Com o conhecimento adquirido neste curso e seu comprometimento em trabalhar com foco e dedicação, você estará preparado para navegar no universo on-line com confiança e alcançar seus objetivos profissionais de forma consistente.

Neste curso eu trago para você 51 aulas distribuídas em 11 módulos.

São 51 videoaulas que totalizam mais de 2 horas de aulas, 113 arquivos adicionais para você fazer download, 30 vídeos no meu canal no Youtube que eu recomendo que você assista e 16 livros indicados.

Tudo para enriquecer esta sua busca daquilo que fará de você um profissional bem-sucedido na Internet.

Este curso é indicado para indivíduos de todas as idades, desde jovens em busca de seu primeiro emprego até profissionais em transição de carreira ou aposentados que desejam explorar novas oportunidades na internet.

Através das estratégias e orientações detalhadas disponíveis, você terá a chance de alcançar o sucesso profissional, desfrutando da flexibilidade de horários, baixos custos de manutenção do negócio e a possibilidade de se conectar com pessoas de todo o mundo, criando uma rotina de trabalho estimulante e valiosa.

Ao adquirir os conhecimentos oferecidos neste curso, você se capacitará para ingressar em uma jornada de transformação e crescimento profissional através da internet, aproveitando as inúmeras oportunidades que ela proporciona.

O e-book "Como ser um profissional na internet" serve como um guia detalhado para aqueles que desejam compreender e explorar as diversas possibilidades de ganhar dinheiro on-line de maneira ética e sustentável.

Com uma abordagem prática e fundamentada, você será orientado a construir sua carreira digital de forma estruturada, enfatizando a importância do trabalho focado e consistente para alcançar os resultados desejados.

Este curso está disponível na Hotmart e na Udemy.

Para quem é esta coleção?

Portanto, se você busca flexibilidade, autonomia financeira e a oportunidade de criar uma carreira alinhada com seu estilo de vida, este curso é ideal para você. Independentemente da idade ou experiência profissional, o curso "Como ser um profissional na internet" oferece as ferramentas e estratégias necessárias para você transformar seu futuro e se destacar no vasto mundo digital.

Aprenda como ganhar dinheiro na internet de maneira honesta e eficaz, e inicie sua

jornada rumo ao sucesso profissional on-line hoje mesmo!

 **+**

5.11 CURSO EM VIDEOAULAS. GARANTA-SE NO MERCADO DE TRABALHO ATUAL E FUTURO.

O curso "Garanta-se no mercado de trabalho atual e futuro" é uma formação abrangente e essencial para quem deseja se destacar e se manter competitivo no dinâmico cenário profissional contemporâneo.

Ele aborda detalhadamente diversas habilidades e conhecimentos críticos para assegurar a empregabilidade diante das transformações provocadas pela tecnologia e pela inteligência artificial.

Conteúdo do Curso:

- Habilidades necessárias no mercado de trabalho do futuro: explora quais competências serão altamente valorizadas em um ambiente de trabalho cada vez mais automatizado e tecnológico.

- Inteligência artificial e tecnologia da informação: analisa como a IA está moldando o mercado de trabalho, influenciando desde a criação de novas profissões até a extinção de funções tradicionais.

- O futuro do mercado de trabalho: fornece uma visão abrangente sobre as previsões e tendências para o futuro do trabalho.

- Trabalho em home office: discute as vantagens, desafios e melhores práticas para trabalhar remotamente, uma tendência que cresceu exponencialmente nos últimos anos.

- O conceito de informação: aborda a evolução e a importância da informação no contexto atual, destacando como ela é gerada, compartilhada e utilizada.

- O que acontece em um minuto na internet: ilustra o massivo volume de dados e atividades que ocorrem on-line a cada 60 segundos, destacando a importância da agilidade e da adaptabilidade.

- Profissões em desaparecimento e emergência: examina quais carreiras estão em declínio e quais estão surgindo, oferecendo uma orientação valiosa para escolhas de carreira.

- Características humanas que garantem empregos no futuro: identifica quais atributos humanos, como criatividade e empatia, continuarão a ser demandados independentemente dos avanços tecnológicos.

- Habilidades para garantir sua empregabilidade futura: enfatiza o desenvolvimento de competências específicas que aumentarão suas chances de ser contratado, incluindo gestão de tempo, comunicação eficaz e pensamento crítico.

Infraestrutura Educacional:

- Videoaulas: o curso é composto por 32 videoaulas detalhadas que fornecem uma visão profunda de cada tópico.

- Testes: são oferecidos 4 testes para avaliar e reforçar o conhecimento adquirido ao longo do curso.

Público-Alvo:

- Profissionais em busca de aprimoramento: ideal para qualquer pessoa, com ou sem experiência, que deseje adquirir habilidades valiosas para se manter relevante e competitiva no mercado de trabalho atual e futuro.

- Profissionais em transição de carreira: indicado para aqueles que estão buscando se reinventar profissionalmente, seja em busca do primeiro emprego, de recolocação no mercado ou de oportunidades em áreas relacionadas à tecnologia da informação.

Ao completar o curso, os alunos estarão aptos a aprimorar seus currículos, aumentar sua empregabilidade e se destacar diante dos recrutadores das melhores empresas. Com as habilidades adquiridas, eles estarão mais preparados para enfrentar os desafios e aproveitar as oportunidades do mercado de trabalho em constante evolução.

Este curso está disponível na Hotmart e na Udemy.

Não perca a oportunidade de investir em seu futuro profissional e garantir sua posição no mercado de trabalho do presente e do futuro. Matricule-se agora e esteja um passo à frente na busca por uma carreira de sucesso e impacto.

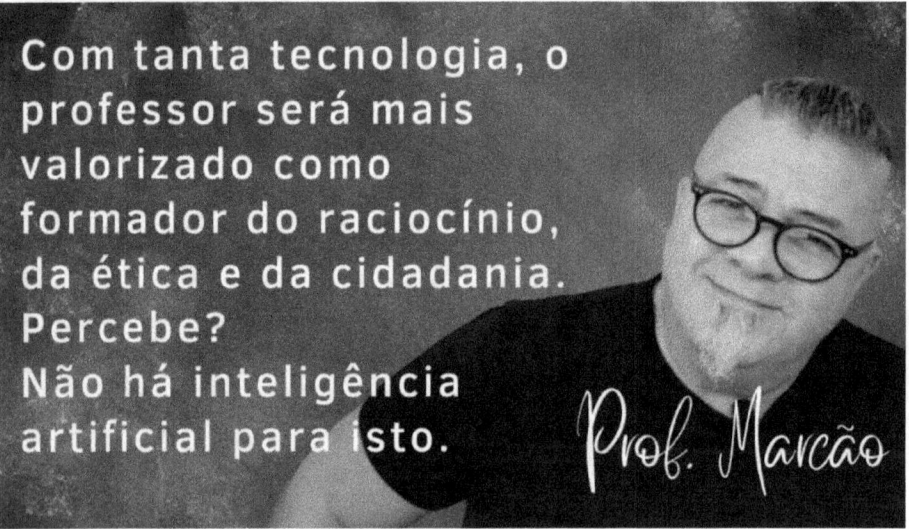

"Na vida não existem soluções fáceis. apenas escolhas éticas."

Michael Bloomberg[3]

---

[3] Michael Bloomberg é um empresário, político e filantropo americano. Ele é o fundador e CEO da Bloomberg L.P., uma empresa de serviços financeiros e de mídia, e também foi prefeito da cidade de Nova York por três mandatos.

www.ingramcontent.com/pod-product-compliance
Lightning Source LLC
Chambersburg PA
CBHW052037280526
45791CB00010B/2985